Der Geheimcode im Kristallschädel

1. Auflage Oktober 2008

Lektorat: Silva Jelen, Herrenberg
Umschlaggestaltung: Angewandte Grafik/Peter Hofstätter
Satz und Layout: Agentur Pegasus, Zella-Mehlis
Druck und Bindung: CPI – Clausen & Bosse, Leck

ISBN-13: 978-3-938516-76-8

Gerne senden wir Ihnen unser Verlagsverzeichnis
Kopp Verlag
Pfeiferstraße 52
D-72108 Rottenburg
E-Mail: info@kopp-verlag.de
Tel.: (0 74 72) 98 06-0
Fax: (0 74 72) 98 06-11

Unser Buchprogramm finden Sie auch im Internet unter:
www.kopp-verlag.de

Karin Tag

Der Geheimcode im Kristallschädel

KOPP VERLAG

Inhalt

Teil 1

Kristallschädel – eine Fälschung oder Heiliger Gral?

Die Diskussionen über Kristallschädel ebben in der Öffentlichkeit nicht ab. Offensichtlich scheinen die Medien das Thema sehr einseitig zu beleuchten. Aus eigener Erfahrung kann ich berichten, dass tatsächlich Sachverhalte zum Teil einfach weggelassen werden, wenn sie nicht in das Programmkonzept eines Senders passen. Ich fragte mich schon vor einiger Zeit, warum es wohl im Interesse der Medien liegen könnte, das Thema Kristallschädel als esoterisch abzutun und zu verreißen. Lag es am Unvermögen, die Sachlage neutral zu begutachten? Oder konnte man gar vermuten, dass es jemanden gab, der eventuell verhindern wollte, dass die Wahrheit über Herkunft und Fähigkeiten der Kristallschädel an die Öffentlichkeit gelangte? Mir war aufgefallen, dass selbst Dokumente, die ich mehreren Fernsehsendern als gegendarstellende Beweise vorlegte, zwar gefilmt, dann aber aus der Sendung ersatzlos gestrichen wurden. Auch spürte ich, dass die Sachlichkeit meiner Forschungen in dem Moment in Frage gestellt wurde, als das Medieninteresse am Thema Kristallschädel zu wachsen begann. Denn die oft diskutierten angeblichen »Fakten«, zum Beispiel warum der Mitchell-Hedges-Kristallschädel eine Fälschung sein soll, kann ich mühelos hieb- und stichfest widerlegen. Jedoch werden keine dieser Gegenargumente veröffentlicht. Man verzichtet auf eine sachliche Dokumentation und denunziert sogar meine Forschungsarbeiten aus mangelnder Sachkenntnis mit persönlich beleidigenden Meinungsäußerungen von Menschen, die ich noch nie gesehen habe, und die sich noch niemals selbst mit meinen Forschungen und deren Ergebnissen beschäftigt haben. So geschah es in den vergangenen Monaten in einer Sendung von *Focus-TV* über Kristallschädel. Der Redakteur nutzte zwar unser brisantes Filmmaterial kostenlos und exklusiv. Er schnitt die Aussagen aber so zurecht, dass sachlichen Diskussionen jegliche Grundlage genommen wurde. Diese Art von journalistischem Eifer finde ich sehr gefährlich. Denn schnell ist die Meinungsbildung des Publikums sachlich falsch, wenn ein Journalist »nur« seine persönliche Sichtweise oder einen vorgegebenen Sendeplan erfüllt. Gerne möchte ich daher nun die Gelegenheit, die mir dankenswerterweise von meinem Verleger geboten wurde, nutzen, in *ungekürzter* Form die Argumente der Kritiker noch einmal den Tatsachen gegenüberzustellen. So können Sie, liebe Leserinnen, liebe Leser, selbst entscheiden, welche Wahrheit Ihnen am plausibelsten erscheint.

Archäologie ist eine Wissenschaft der Fakten, nicht unbedingt der Wahrheit. Gerade in Bezug auf die Erforschung der Kristallschädel trifft man hier immer wieder auf Widersprüchlichkeiten, die zum Nachdenken veranlassen sollten. Um der Wahrheit oder der Bedeutung der Kristallschädel auf die Spur zu kommen, müssen wir uns die Hintergründe der Fundgeschichte und Forschung an den Kristallschädeln genauer anschauen – genauer, als es die Fernsehanstalten deutscher Sender getan haben.

Beginnen wir also bei den grundlegenden Informationen über Kristallschädel, damit Sie, liebe Leserinnen, lieber Leser, genügend Grundinformationen haben, um die brisante Aussage dieses Buches zu verstehen.

Was sagt die Wissenschaft über Kristallschädel?

Ein Kristallschädel ist die Nachbildung eines menschlichen Schädels, geformt aus einem Block Bergkristall. Von den Kristallschädeln existieren lediglich eine Hand voll. Man findet sie in namhaften Museen oder in privaten Sammlungen. Bislang sind es sieben Originale. Zu diesen berühmten Schädeln gehören vor allem der Mitchell-Hedges-Kristallschädel (Skull of Doom), der Kristallschädel in einem Kruzifix von Norma Redo, Sha-NA-Ra, MAX, der Kristallschädel im Museum *Quai Branly* in Paris (Pariser Exemplar), der Kristallschädel vom Britischen Museum und der Kristallschädel Corazon de Luz (privater Besitz der Autorin). Es gibt noch etliche andere Kristallschädel, die aber moderne Kopien der wunderschönen Objekte sind, die sich weltweit besonderen Interesses erfreuen.

Die Kristallschädel können von winzig klein bis riesig groß sein. Manche sind lebensgroße, naturgetreue Nachbildungen des menschlichen Schädels. Offiziell wissen die Museen nicht, wozu diese Kristallschädel hergestellt wurden. Die Museumsleute können zum Beispiel keine Aussage darüber treffen, ob die Kristallschädel zur Dekoration oder für rituelle Zwecke vorgesehen waren. Archäologen zweifeln die Echtheit der

Kristallschädel insbesondere in Bezug auf ihre Datierung in die präkolumbianische Zeit an.

Anhand von Oberflächenuntersuchungen mit dem Mikroskop haben die Museen partielle mechanische Spuren an verschiedenen Kristallschädeln entdeckt. Diese führten sie zu der Annahme, dass die Kristallschädel Fälschungen aus dem deutschen Idar-Oberstein seien. Die Schleifereien des Örtchens sind weltweit für ihre besonderen Fabrikate und hochwertigen Schmuckstücke auch aus Bergkristall bekannt. Die faszinierenden Objekte können mithilfe der Radiokarbon-Methode – die üblicherweise in der Archäologie zur Bestimmung der Entstehungszeit von Fundstücken angewendet wird – altersmäßig nicht festgelegt werden. Dies erlaubt ihre Substanz, der anorganische Bergkristall, nicht. Für die Anwendung der C14-Methode werden nämlich organische Materialien benötigt. Wirklich seriöse wissenschaftliche Untersuchungen haben aber in der Vergangenheit die Laboratorien von *Hewlett-Packard* realisiert, und zwar an dem berühmten Kristallschädel von F. A. Mitchell-Hedges. Der Entdecker und Forscher hat den Kristallschädel angeblich in einer Ruinenanlage in Lubaantun, dem heutigen Belize, gefunden. Seit dem Auftauchen dieses Objektes fasziniert der unglaublich klare und präzise geformte, lebensgroße und anatomisch korrekte Kristallschädel Archäologen, Forscher und Esoteriker gleichermaßen, die darin ein wichtiges Instrument für die Menschheit sehen. Der Schädel besteht aus zwei Teilen: einem Oberkopf und einem abnehmbaren Unterkiefer, der anatomisch genau mit dem oberen Schädel zusammenpasst.

Ab Oktober 1964 untersuchte der Kunstrestaurator und Spezialist für Reliquien Frank Dorland den Mitchell-Hedges-Kristallschädel über einen Zeitraum von sechs Jahren. Die Resultate dieser Untersuchungen publizierte er in dem Buch *Holy Ice – Bridge to the Subconscious*. Aus diesem Buch kann man wertvolle Informationen entnehmen, mit denen sich die heutigen Wissenschaftler einfach nicht mehr auseinander setzen möchten. Dorland fand auf der Unterseite des Kristallschädels, an der Stelle, an der sich der Gaumen befindet, flache Prismen. Man kann die Prismen nicht direkt sehen, nur wenn man den Kristallschädel dreht, um auf die Unterseite zu blicken, sind sie erkennbar. Die Prismen sind so in den Kristallschädel eingebracht, dass das Licht, welches von unterhalb des Schädels einfällt, durch die Prismen nach oben abgelenkt und durch die Augen ausreflektiert wird. Es erscheint nun so, als ob die Augen des Kristallschädels besonders leuchten. Wer auch immer diesen Schädel hergestellt hat, legte also besonderen Wert auf die Ausrichtung und Polarisation des einfallenden Lichtes sowie auf bestimmte optische Bedingungen. Auf der nächsten Seite sehen Sie die Originalzeichnung von Frank Dorland, der die Prismen für Anna Mitchell-Hedges, die Adoptivtocher von F. A. Mitchell-Hedges, skizzierte. Es existieren darüber hinaus auch Fotografien, die in diesem Buch nicht abgebildet werden konnten. Wer an ihnen interessiert ist, kann sie sich auf der Mitchell-Hedges-Internetseite *www.mitchell-hedges.com/research* anschauen.

Hewlett-Packard (HP), die bekannte Elektronikfirma in San Francisco im berühmten Silicon Valley, unternahm erstaunliche Tests mit dem Kristallschädel, die

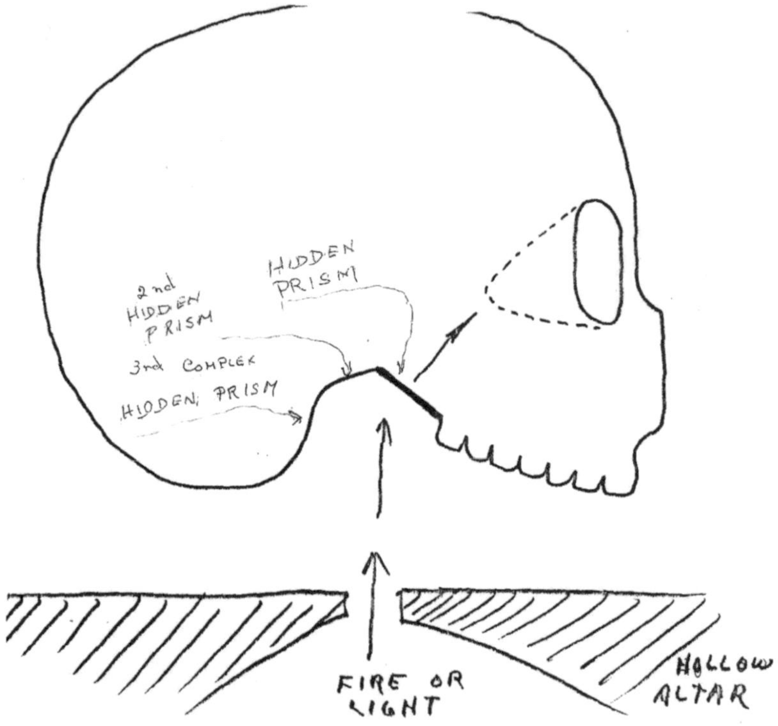

Abb. 1: Skizze von Frank Dorland aus dem Besitz von Anna Mitchell-Hedges

auch heute noch Aufsehen erregen. Dorland brachte den Schädel im November 1970 zur Niederlassung des Unternehmens in Santa Clara, um ihn prüfen zu lassen. In der Computerindustrie werden geschnittene Schichten klarer Kristalle verwendet, um integrierte Schaltungen herzustellen. Das besondere Material Kristall wird heute auch zum Speichern von Daten verwendet. HP hatte sich auf die Verarbeitung dieses besonderen Materials spezialisiert. Die Forschungswissenschaftler der Firma konnten zur Entwicklungsprüfung hochqualifizierte moderne Labortechnik anbieten. In einem wissenschaftlichen Versuch wurde der Mitchell-Hedges-Kristallschädel in einen Behälter mit Benzylalkohol getaucht. Die Wände des Behälters waren aus Glas – so konnte die Reaktion beobachtet werden. Als der Kristallschädel in den Benzylalkohol getaucht wurde, war er kaum sichtbar. Das ist nicht ungewöhnlich, denn wenn Kristall in einer lichtbrechenden Flüssigkeit untergetaucht wird, neigt er zu dieser Eigenschaft. Nun wurde polarisiertes Licht durch den Behälter und den Schädel projektiert. Der Versuch wurde über einen polarisierten Schirm betrachtet. So konnten wellenförmige Drucklinien auf dem Gesicht des Schädels und dem separaten Kieferknochen erkannt werden. Die feinen Linien des Kristalls verliefen vom Schädel zum Kieferstück in einer vollkommenen Fortsetzung des Musters ohne den geringfügigsten Fehler oder irgendeine Fehlanpassung. Die Wissenschaftler hatten keinen Zweifel daran, dass das Kieferstück einmal ein wesentlicher Bestandteil des Schädels gewesen war und erst später vom Kopf losgeschnitten wurde, um es vom oberen Schädelteil zu trennen. Dies ist an sich ein unglaubliches Phänomen, denn selbst heutzutage ist es technisch fast unmöglich, ein Material wie Bergkristall nachträglich wie oben beschrieben zu bearbeiten, da das Material, kaum dass es entgegen einer bestimmten Achse geschliffen wird, zerbricht oder regelrecht explodiert. Bergkristall ist eines der härtesten Materialien und wenig weicher als der Diamant. Die Wissenschaftler von *Hewlett-Packard* waren von der Präzision des Schädels tief beeindruckt. Jack Kusters und der ehemalige Technikmanager für Quarzvorrichtungen, Charles Adams, der während der Tests anwesend war, sollen bestätigt haben, dass der Kristallschädel aus natürlichem Bergkristall besteht und dass er, so wie er im Labor getestet wurde, eigentlich gar nicht existieren dürfte. Diese beiden Wissenschaftler konnten auf eine über 50-jährige Erfahrung bei der Verarbeitung von Kristall zurückblicken. Deshalb ist es ziemlich erstaunlich, dass diese Laborergebnisse von den heutigen Wissenschaftlern nicht hinzugezogen werden. Ich machte mich auf die Suche nach den Ergebnissen des Laborberichtes und stellte mit Verwunderung fest, dass die Dokumente nach dem Verkauf von Teilen des Unternehmens nicht mehr archiviert, sondern angeblich vernichtet worden waren. Der wichtige Laborbericht wurde also vernichtet? Möglicherweise mit Absicht? Es erschien mir doch höchst merkwürdig, dass alle Berichte, die belegen können, dass Kristallschädel etwas Besonderes sind, in Diskussionen vom Tisch gefegt oder vernichtet wurden – so wie es mir, wie berichtet, in Bezug auf Interviews im Fernsehen erging. Das Team von *Hewlett-Packard* hatte

Abb. 2: Mitarbeiter von **Hewlett-Packard** *untersuchen den Mitchell-Hedges-Kristallschädel*

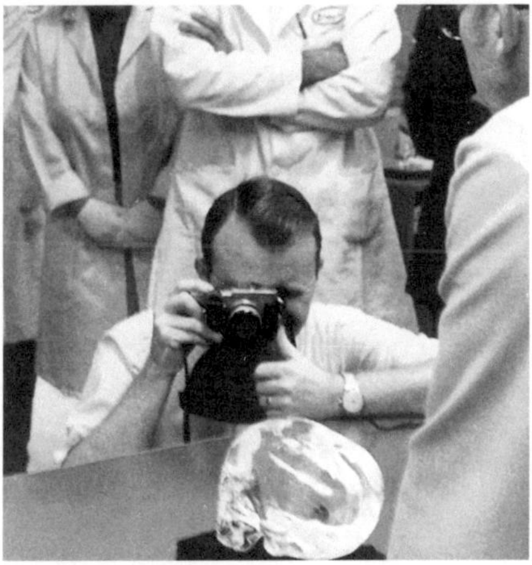

Abb. 3: Laborteam von Hewlett-Packard *bei der Arbeit*

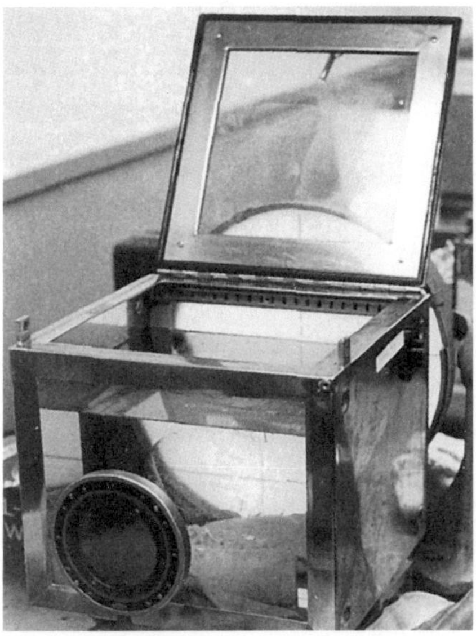

Abb. 4: Untersuchungsbehälter für den Benzylalkoholtest

im Übrigen keinerlei mechanische Bearbeitungsspuren auf der Oberfläche des Schädels entdeckt.

In einem Versuch, den das *Smithsonian Institute*, Washington, Anfang 2008 mit dem Mitchell-Hedges-Kristallschädel unternommen hat, stellte die zuständige Fachexpertin für Rasterelektronenmikroskopie, Jane Walsh, fest, dass sich an dem Unterkiefer des Kristallschädels angeblich Schleifspuren befanden. Sie sähen aus, so Walsh, als könnten sie von bei Zahnärzten verwendeten Schleifmaschinen stammen. In dem Bericht von Cerie Louise Thomas, den diese in ihrem Buch *Tränen der Götter* veröffentlicht hat, heißt es jedoch, dass die Firma *Hewlett-Packard* eine Verwendung von mechanischen Diamantschleifern ausschließt. Die Experten, die sich über 50 Jahre mit dem Schneiden und Schleifen von Kristallen beschäftigt haben, bestätigten, dass der Unterkiefer durch die Reibung und die erzeugten Erschütterungen eines mechanischen Werkzeuges mit Diamantschleifmitteln in Millionen kleine Teile zerplatzt wäre. Schaut man sich das Fachprofil von Jane Walsh im *Smithsonian Institute* an, dann fällt auf, dass sie keinerlei mineralogische Ausbildung und keinerlei Fachkompetenz hinsichtlich der Entstehung oder gar Verarbeitung eines Materials wie Bergkristall besitzt. So ist dieses Ergebnis für mich nicht aussagekräftig und sollte nochmals von kompetenter Seite überprüft werden.

Bei meinen Forschungen ging es mir vornehmlich um den Nachweis, dass Kristallschädel schon seit Langem in unserer Geschichte existieren. Denn Mythen und Sagen der eingeborenen Völker Südamerikas beschreiben die Kristallschädel als mystische Objekte, die eine wichtige Bedeutung für die Weiterentwicklung oder sogar für das Überleben der Menschheit haben. Auf den Mythos, der damit verbunden ist, möchte ich nachfolgend weiter eingehen. Bleiben wir dabei vorerst bei den Auffälligkeiten und Widersprüchen, die mir während meiner Recherche bezüglich der Kristallschädel und ihrer zeitlichen Datierung aufgefallen waren.

Auf meiner Suche nach der Wahrheit besuchte ich mit dem Kristallschädel Corazon de Luz auch das Britische Museum in London. Mit einer neuen Methode – der Photonenfelduntersuchung – wollte ich der Originalität der Kristallschädel »auf den Leib« rücken. Die Untersuchungsergebnisse waren beeindruckend. Diese habe ich bereits in dem Buch *Mysterium Kristallschädel* (Ansata Verlag) deutlich belegt und dargestellt. In diesem Buch geht es mir um den geschichtlichen Hintergrund und den Nachweis der Echtheit der Kristallschädel, die sich durch die gesamte Historie bis weit in die vorägyptische Zeit zurückverfolgen lassen, wenn man nur bereit ist, den offensichtlichen Spuren zu folgen und die Fakten wirklich objektiv zu betrachten. In dieser Publikation soll aufgezeigt werden, dass unsere archäologische Vergangenheit offensichtlich einigen Manipulationen unterliegt, zumindest was die realen Zusammenhänge und Datierungen verschiedener archäologischer Objekte oder Bauwerke betrifft. Denn nicht alles, was in den Schulbüchern gelehrt wird, hält einer genaueren Prüfung stand.

Bei meinem Besuch im Britischen Museum stellte mir James Hamill dankenswerterweise den Original-Einlieferungsbeleg von 1898 zur Verfügung, der beweist, dass der Kristallschädel des Britischen Museums am 3. Januar 1898 in die Sammlung des Museums aufgenommen wurde. Auf dem Beleg befindet sich eine Randbemerkung zur Historie des Kristallschädels. Dieser kann man entnehmen, dass der Kristallschädel ursprünglich aus dem Besitz eines spanischen Offiziers stammt, der 1882, kurze Zeit vor der französischen Okkupation, in Mexiko lebte. Ein gewisser Eugene Boban erwarb den Kristallschädel von einem englischen Sammler. Boban verkaufte ihn an Mr. Sisson, dessen Nachlass bei *Tiffany* versteigert wurde. Das Britische Museum ersteigerte den Kristallschädel von *Tiffany & Co.*, Union Square, New York, für 196 Pfund. Jener Eugene Boban ist eine für uns interessante Persönlichkeit, denn er war es auch, aus dessen Sammlung der Pariser Kristallschädel stammt, der allerdings erheblich kleiner als der Mitchell-Hedges-Kristallschädel ist und auch wesentlich einfacher bearbeitet wurde. Eugene Boban war ein Sammler wertvoller archäologischer Fundstücke, der in Mexiko City ein Geschäft führte und viele bedeutende und teure Objekte direkt aus Mexiko an die Museen in Europa verkaufte.

Doch zurück zum Einlieferungsbeleg des Britischen Museums. Darauf finden wir auch einen Hinweis auf eine mineralogische Abhandlung, die den Kristallschädel des Britischen Museums zum Gegenstand hat. In dieser Abhandlung von G. F. Kunz mit dem Titel *Gems & Precious Stones of North Amerika* finden wir eine unglaublich detaillierte Beschreibung aller damals bekannten Fundstücke aus Nord-, Süd- und Zentralamerika. Der Text wurde 1890 verfasst. Unter anderem können wir von dem Experten für aztekische Fundobjekte erfahren, dass die Kristallschädel mit einer für mexikanische Fundobjekte üblichen Technik bearbeitet wurden. Er beschreibt, dass die Zahnreihen des Ober- und des Unterkiefers mittels dieser bestimmten Technik voneinander getrennt wurden. Die präkolumbianischen Völker verwendeten für das Trennen des Steins einen Bogen, in den eine Art »string« (Schnur, Saite) eingespannt war. Dieser konnte durchaus aus Metall oder Ähnlichem bestehen und wurde so lange auf dem Stein gerieben, bis er in das Material einschnitt. In der gesamten Abhandlung werden diverse Gesteinsarten beschrieben, die auf diese Weise bearbeitet wurden: Amethyst, Jade, Onyx, Chrysopras, Citrin und auch Bergkristallartefakte werden erwähnt. Auch stellt Kunz fest, dass sich mehrere kleine Kristallschädel in verschiedenen Sammlungen befinden, so unter anderem ein kleiner im Britischen Museum. Eine kleine Mondfigur mit einem Gesicht und einem verzierten Auge befand sich zu diesem Zeitpunkt in der Sammlung von Dr. Maxville Summerville in *The Metropolitan Museum of Art*, New York City.

Auch das Britische Museum besitzt in seiner Sammlung einen kleinen Kristallschädel, der von einem Bankier namens Henry Christi um 1856 auf einer Mexiko-Expedition entdeckt wurde.

In dem neuesten Artikel von Jane Walsh (der in *Archaeology*, Juni 2008, erschien) versucht sie, die Kristallschädel als Fälschungen darzustellen, die Eugene Boban auf den Markt gebracht haben soll. Er soll mehrere Kristallschädel und auch eine Kristallhand in seinem Katalog von 1886 gelistet gehabt haben. Das Herkunftsland für die Fundobjekte ist Mexiko. Seltsamerweise schreibt Walsh aber zugleich, dass keines der genannten Objekte je wieder auf dem Markt aufgetaucht sei. Gerade die Kristallhand hat für uns eine wichtige Parallele, die ich später noch aufzeigen werde.

Im gleichen Artikel beschreibt Walsh, dass kleine Kristallschädel aus früheren Expeditionen gefunden wurden, und dass einige davon in der Sammlung des *Smithsonian Institute* aufbewahrt wurden. Sie schreibt, dass zwei kleine Kristallschädel vom *Mexiko-City National Museum* von einem Sammler namens Luis Constantino zwischen 1874 und 1880 aufgekauft wurden. 1886 kaufte auch das *Smithsonian Institute* in Washington ein kleines Exemplar aus der Sammlung von Augustine Fischer. Das Exemplar, ein wichtiges Vergleichsobjekt, verschwand aber 1973 auf mysteriöse Weise spurlos aus der Sammlung. Die Seriosität des Instituts und seiner Forschungen wird noch einmal in Frage gestellt, als angeblich durch einen anonymen Spender ein Kristallschädel in Papier eingewickelt auf einem Tisch des *Smithsonian Instituts* abgegeben wird. Der Kristallschädel wiegt 14 Kilogramm, er ist 25,5 Zentimeter hoch und 22,8 Zentimeter breit. In der Abhandlung mit dem sarkastischen Titel *Crystal skulls and other problems* versuchte Jane Walsh schon im Jahr 1997 die Kristallschädel als »Fakes« (Fälschung, Täuschung) zu entlarven. Nach ihren Angaben verkaufte Eugene Boban an Alfons Pinart nach 1870 einen Großteil seiner Fundstücke. Pinart stiftete die Sammlung an das Museum Trocadero. Die Sammlung enthielt drei kleinere Kristallschädel, die somit 1878 in dem Museum verschwanden. Auch von diesen Kristallschädeln fehlt heute jegliche Spur. Jane Walsh fährt weiter fort, dass Eugene Boban gemeinsam mit dem Geschäftspartner Leopoldo Batres gefälschte Objekte auf den Markt gebracht haben soll. Alle Belegstücke oder Vergleichsobjekte in Form von Kristallschädeln der kleineren Sorte sind aber spurlos verschwunden. Eine Gegendarstellung in Bezug auf ihre Theorie erscheint somit unmöglich. In der wissenschaftlichen Abhandlung von G. F. Kunz, die wir oben schon erwähnt haben, stellt dieser aber fest, dass der Kristallschädel des Britischen Museums einen besonderen Einschluss an Prochlorid enthält, das in Bergkristall aus einer Mine in der Nähe von Pachuca, Hidalgo, im Staat Michoacan, und aus einer Mine aus Calvaras County, Kalifornien, vorkommt. Der dortige Bergkristall enthält also eben jene Prochlorideinschlüsse, wie sie in dem wertvollen Fundstück des Britischen Museums zu finden sind. Weiterhin erklärt der Spezialist Prof. Edward S. Morse of Salem, dass die Kristallschädel nicht europäischen Ursprungs seien, da sie in diesem Fall, was die Ausarbeitung der Details anbetrifft, deutlich besser gefertigt sein müssten.

Ich fand es jedenfalls ziemlich merkwürdig, dass Kristallschädel aus Sammlungen verschwinden. Und wie passte die Entdeckung des Mitchell-Hedges-Kristallschädel um 1924 in Lubaantun in das Bild von der Geschichte der gefälschten Kristallschädel?

Auch hier glaubte man die Lösung gefunden zu haben, um den Mitchell-Hedges-Kristallschädel ebenfalls als »Fake« entlarven zu können: Im Jahre 1943 gab Sydney Burney den Kristallschädel von Mitchell-Hedges zur Auktion bei *Sothebys*. Kritiker glauben darin den Beweis zu sehen, dass F. A. Mitchell-Hedges den Kristallschädel nicht wie angegeben im Jahr 1924 in Lubaantun gefunden haben kann. Nun, die Hintergrundgeschichte ist aber eine ganz andere. Aus dem Nachlass von Anna Mitchell-Hedges und von ihren Erzählungen wissen wir genau, dass F. A. Mitchell-Hedges für eine seiner Expeditionen Geld von Sydney Burney geliehen hatte. Als Pfand für die Leihgabe stellte er Burney ein paar wertvolle Gegenstände zur Verfügung, die er zugleich auf diese Weise vor Dieben schützen wollte. In dieser Zeit gab es keine Alarmanlagen oder Ähnliches. Zur Sicherung seiner Güter brachte F. A. Mitchell-Hedges einige Objekte bei Freunden unter. Als Burney während der Expedition verstarb, brachte sein Sohn unter anderem auch den Kristallschädel zum Auktionshaus *Sothebys*. Als F. A. Mitchell-Hedges dies erfuhr, reiste er sofort zu *Sothebys*, um die Auktion zu verhindern. Das gelang ihm allerdings nicht, und es blieb ihm nichts weiter übrig, als den Kristallschädel für 400 Pfund zurückzuersteigern. Den Vorfall nutzen nun jene, die die Echtheit der Kristallschädel anzweifeln, als ausreichendes Argument, dass Kristallschädel nichts als Produkte aus dem 20. Jahrhundert sind.

Noch etwas anderes muss im Zusammenhang mit der Arbeit der Museen erwähnt werden: Im Nachlass der Adoptivtochter Anna Mitchell-Hedges fand ich ein Dokument, das bisher noch niemand gesehen hat. In einem originalen »Statement of Fact« aus dem Jahr 1976 schwört Anna Mitchell-Hedges, die Adoptivtochter von F. A. Mitchell-Hedges, dass sie den Kristallschädel auf einer Expedition ihres Vaters, die er in den Jahren 1924–1927 absolvierte, selbst in Lubaantun in einer Ruinenanlage entdeckt hat. Sie beschreibt die Fundumstände und sie benennt Zeugen der Ausgrabung. Und hier finden wir eine kleine Sensation. Sie erwähnt unter den Zeugen einen Kurator des Britischen Museums. Wer es nicht glauben will, kann das Dokument auf der nächsten Seite selbst einsehen.

Wie kann es sein, dass ein Kurator des Britischen Museums an einer der Expeditionen teilnahm, das Britische Museum aber bestreitet, dass ein Mitarbeiter des Museums an einer Ausgrabung teilgenommen hat? Er könnte den Fund in Lubaantun bezeugen. Das Britische Museum will davon aber nichts wissen. Auf der auf Seite 26 gezeigten Fotografie ist er aber mit Lady Rich-

TO WHOM IT MAY CONCERN   November 1973

STATEMENT OF FACT RE ROCK CRYSTAL SKULL

I ANNA MITCHELL-HEDGES, F.R.G.S., F.L.S. ADOPTED DAUGHTER OF F.A. MITCHELL- HEDGES, EXPLORER AND AUTHOR, F.R.G.S; F.L.S; F.Z.S; F.R.A.I; F.R.S.G.S. SWEAR THE FOLLOWING IS A TRUE STATEMENT OF FACT.

The Rock Crystal Skull was discovered by me upon one of my father's expeditions to LUBAANTUN during 1924-27.

I found the Rock Crystal Skull after we had cleared a very heavy wall which had fallen on the altar which we also moved. The rocks were so heavy we were only able to move about 5 or 6 a day, not having the equipment then which is at hand today. It was therefore another three months before I found the jaw which was about 25 yards away from the Rock Crystal Skull.

This was my father's expedition, therefore the Rock Crystal Skull was his.

With us on this expedition was -: Capt. C.C. Joyce (Curator British Museum)....Lady Richmond Brown....Jane Harvey Houlson (father's secretary) ...Dr. Gann....Mr. Tuke (British Painter) ....Mr. George Hudson (who came along to take photographs)...M-H and myself of course, and also a crew of helpers.

(Sgd). A. Mitchell-Hedges.
(Anna Mitchell-Hedges)

Abb. 5: »Statement of fact« von Anna Mitchell-Hedges

mond Brown und ein paar eingeborenen Helfern deutlich zu sehen.

Abb. 6: Ruinenanlage von Lubaantun und Helfer der Expedition

Nach Angaben von Bill Homann, dem Erben von Anna Mitchell-Hedges, sei die Teilnahme des Kurators aus den Unterlagen des Britischen Museums gestrichen worden.

Die Umstände werden also immer mysteriöser. Artefakte, die angebliche Fälschungen sind, werden aus den Museen gestohlen und andere Objekte tauchen niemals mehr im Besitz von privaten Sammlern auf. Ich wollte es erst nicht glauben. Immerhin habe ich selbst im Rahmen meiner Ausbildung diverse Praktika in namhaften deutschen Museen absolviert. Ich habe an Ausgrabungen teilgenommen, und ich habe mich auf dem Gebiet der geologischen Präparation erfolgreich spezialisiert. Im Anhang gebe ich gerne zur Verwunderung derer, die in der Sendung *Focus-TV* meine fachliche Kompetenz angezweifelt haben, einige Zeugnisse meiner Praktika zur Einsicht frei. (Anmerkung: Mein Mädchenname ist Karin Bierbrauer, wie in den Originalzeugnissen angegeben.) Die Herausstellung meiner Fähigkeiten auf geologischem oder archäologischem Gebiet soll nun nicht egozentrischen Ambitionen dienen, sondern belegen, dass entgegen der Darstellung in den Medien während meiner Ausbildung als Technische Assistentin für naturkundliche Museen und Forschungsinstitute genug Zeit gewesen ist, um sich mit wissenschaftlichen Erkenntnissen und Ausgrabungen zu beschäftigen, und dass somit durchaus eine fachlich kompetente Einschätzung eines archäologischen Objektes von mir zu erwarten ist. Falls dennoch nach der Publikation dieses Buches meine fachliche Kompetenz in Frage gestellt werden sollte, geschieht dies offensichtlich, um die Wahrheit über Kristallschädel weiterhin zu verdunkeln. Doch Sie, meine Leserinnen und Leser, mögen selbst entscheiden, ob Sie mir eine Beurteilung der Sachlage zutrauen oder nicht.

Es gibt viele alternative Wissenschaftler, die sich mit den Kristallschädeln auf andere Weise beschäftigt haben, um die Wahrheit über den Mythos herauszufinden. Das wird oft belächelt. Seitens der Museen und »seriösen« Wissenschaftler kann ich allerdings keine objektiven Bemühungen erkennen, dem Geheimnis wirklich auf die Spur zu kommen. Historische Daten und Fakten lassen sich beliebig fälschen. Das haben wir in der Geschichte in Bezug auf genügend andere Forschungsobjekte erfahren können. Das wirklich Interessante ist aber doch, welche Fähigkeiten dieses »Objekt« Kristallschädel tatsächlich besitzt. Nicht die Historie oder die Entdeckung der Kristallschädel sind das Ausschlaggebende, sondern ihre besonderen Eigenschaften sind zu diskutieren. Ich stelle mir einen Vergleich in etwa so vor: In einer fernen Zukunft finden andere Lebewesen vielleicht Überreste unserer Zivilisation. Zum Beispiel einen Computer. Wäre es nicht unsinnig, wenn die Forschungen nach menschlicher Intelligenz sich nun nur auf die Oberfläche, etwa auf das Gehäuse des Computers, bezögen, anstatt auf die Daten, die darin gespeichert sind? Nicht der Hersteller des Computers muss unter allen Umständen identifiziert und nachgewiesen werden – vielmehr sollte der Inhalt der Daten analysiert werden, um festzustellen, ob eine bestimmte Information oder wichtige Mitteilung auf dem Computer enthalten ist. Ich glaube, das ist viel einleuchtender, als sich nur mit der Herstellung des Computers zu beschäftigen. So werden auch wichtige Hinweise in Bezug auf Kristallschädel übersehen, wenn man sie nur in Hinblick auf ihre Herstellungstechnik untersucht. Das ist einfach unzureichend. Denn wer weiß, welchen Täuschungen oder Täuschungsversuchen wir durch diese eingeschränkte Sichtweise unterliegen?

Was sagen die alternativen Wissenschaftler über Kristallschädel?

Kristalle haben die Fähigkeit, Daten zu speichern. Sie haben ein sogenanntes holographisches Gedächtnis. Dieses beruht auf den optischen Fähigkeiten des Kristalls und ist ein wichtiger Bestandteil unserer anerkannten Computertechnologie. Unglaubliche Mengen an Daten werden neuerdings nicht mehr auf CD-ROMs, sondern auf Minikristallen abgespeichert, die große Datenmengen sicher aufnehmen können, da Kristall keinem natürlichen »Verwitterungsprozess« unterliegt. Bergkristall besteht aus Siliziumoxid und enthält keinen Kohlenstoff. Das ist auch der Grund, warum die C14-Methode bei der Altersbestimmung nicht funktioniert. Diese errechnet nämlich die Verfallszeit der Kohlenstoffatome innerhalb eines organischen Materials. Anhand der Verfallszeit kann dann eine zeitliche Datierung vorgenommen werden. Bergkristall in seiner reinsten Form ist Siliziumoxid. Dieses ist aufgrund bestimmter Eigenschaften auch piezoelektrisch. Das bedeutet, unter bestimmten Bedingungen kann der Kristall Strom erzeugen. In einem Versuch bei *Hewlett-Packard* nahmen Wissenschaftler den Mitchell-Hedges-Kristallschädel in einem Vakuum unter Druck und stellten fest, dass der Kristallschädel Strom produziert. Ich möchte jetzt nicht allzu wissenschaftlich werden und mich auf das Wesentliche konzentrieren, damit der Inhalt dieses Kapitels noch verständlich bleibt: Die Daten werden dreidimensional auf die Kristalle gespeichert. Je nachdem, wie dick das Medium ist, ist die Datenmenge entsprechend riesig, die auf einem Kristall aufgebracht werden kann. Die Daten können gespeichert und gelesen werden und enthalten Millionen Bits an Informationen zur selben Zeit. Diese Methode wird heute bei photosensitiven Kristallen angewandt. Mithilfe von Lasern können die Daten abgefragt und eingelesen werden. Diese Methode eröffnet nicht nur die Möglichkeit, eine große Menge an Daten zu speichern. Aufgrund der holographischen, dreidimensionalen Speicherung erlaubt das Medium Kristall eine simultane Abfrage von Millionen Bits an Daten zur selben Zeit. Lesen und beschreiben ist sogar gleichzeitig möglich. Auch wird der Datentransfer einer immens großen Zahl an Daten auf den Computer rasant beschleunigt. Binnen Sekunden können riesige Datenmengen nicht nur gespeichert, sondern auch abgerufen werden. Der Quarz-Kristall ist die revolutionärste Erfindung unseres technologischen Zeitalters. Davon ausgehend ist es vorstellbar, dass auch auf oder in Kristallschädeln, die ja aus dem gleichen Material bestehen, Daten gespeichert sein können. Betrachten wir einmal die Möglichkeit, dass Kristallschädel doch Relikte einer sehr hoch entwickelten Zivilisation, wie zum Beispiel Atlantis, oder von außerirdischen Zivilisationen sind, dann könnten sie tatsächlich Daten beinhalten. Weshalb wir in diesem Zusammenhang die Tatsache höherer Intelligenz in Betracht ziehen müssen, soll im nachfolgenden Kapitel erklärt werden. Bleiben wir erst einmal bei den nachweisbaren Fähigkeiten von Kristallschädeln. Sollten also Daten auf oder in den Kristallschädeln gespeichert sein, so müssten diese in irgendeiner Weise nachweisbar sein. Das war der Grund, warum ich die verschiedenen Kristallschädel mit der Photonenkamera untersucht habe. Wie im Buch *Mysterium Kristallschädel* schon dargestellt, kann man bei den Kristallschädeln eine elektromagnetische Interferenzbildung nachweisen. Man kann diese ungefähr mit einer Radiowelle verglechen. Bekannt ist die Entstehung von elektromagnetischen Wellen durch den sogenannten Dipol. Ein mit Strom versetzter magnetischer Dipol sendet elektromagnetische Wellen aus, die Daten transportieren können.

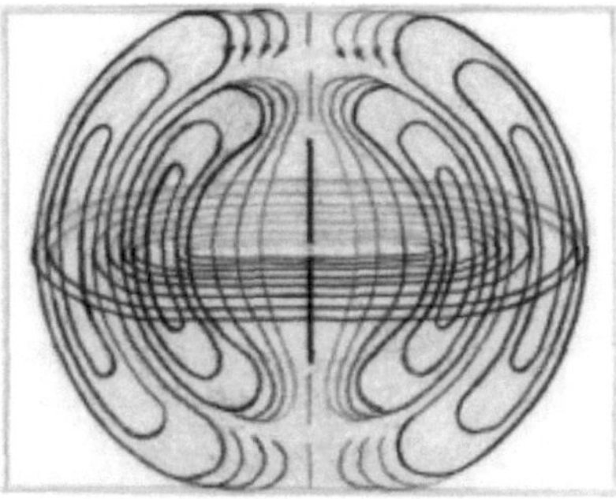

Abb. 7: Elektromagnetische Welle eines Dipols, Zeichnung von Jutta Wietschorke

Ungefähr genauso entwickeln Kristallschädel eine elektromagnetische Resonanz, die allerdings eine viel feinstofflichere Energie hat. Die Photonenfelder, die ebenso wellenförmig vom Kristallschädel aus sichtbar ausströmen, können im Infrarotbereich sichtbar gemacht werden. Mithilfe der Photonenuntersuchung aller Kristallschädel konnte ich nachweisen, dass diese kommunizieren, und dass sie Daten übertragen. Zudem konnten wir feststellen, dass die Kristallschädel das Energiefeld von Menschen, Tieren, Wasser, Steinen, Pflanzen und sogar von Kraftplätzen verändern können. Dies geschah nachweislich mittels fotografischer Belege, die wir im Buch *Mysterium Kristallschädel* bereits veröffentlicht haben. Die Daten und Informationen, die auf den Kristallschädeln gespeichert sind, scheinen auch in Resonanz mit unserer DNA-Struktur zu stehen. Nach Aussage des österreichischen Physikers Erwin Schrödinger ist unsere DNA ein aperiodischer Kristall und hat eine innere kristalline Struktur. Die kristalline Struktur in Form einer Doppelhelix ist über Millionen von

Jahren stabil geblieben. Seit Beginn des einzelligen Lebens auf der Erde ist diese Doppelhelix der kristalline Speicher der Informationen der gesamten Evolution des Planeten Erde. Unser genetischer Code ist auf dieser kristallinen Struktur gespeichert und – wie ich schon schrieb – seit Millionen von Jahren so stabil geblieben wie ein Mineral. Nach Schrödinger gibt es in der Struktur der kristallinen Form der DNA Photonenemissionen, welche die Informationen an die Zelle via Photoneninterferenzen weitergeben. Diese Photoneninterferenzen steuern das Wachstum der Zelle und liefern alle genetischen Codes sowie den »Bauplan« des Lebewesens, aus dem es sich dann zu einem perfekten Organismus entwickeln kann. Ohne diesen genetischen Code wäre diese Entwicklung des Lebewesens nicht möglich.

Die Daten aus der DNA-Struktur werden also über Photonenintervalle weitergegeben. Und genauso geben Kristallschädel die gleichen Frequenzen ab. Wellenförmige Impulse werden von den Kristallschädeln wie Datenwellen in Form von winzigsten Lichtpartikeln als wellenförmige Impulse weitergegeben. Dies beeinflusst nachweislich das Energiefeld aller Lebewesen, Personen, Mineralien, Pflanzen und sogar besonderer Orte, wie die Pyramide von Gizeh oder die Megalithanlage von Stonehenge. Wir führten alle Tests mit dem Kristallschädel Corazon de Luz (deutsch: Herz des Lichtes) durch, der uns als Leihgabe von einem Inka-Indianerstamm zur Verfügung gestellt wurde. In allen Versuchen, einschließlich der Experimente mit den Kristallschädeln im Britischen Museum sowie dem Kristallschädel im Museum *Quai Branly*, haben wir eine erhöhte Photonenaktivität festgestellt. Im Falle des Schädels vom Pariser Museum konnten wir den Datentransfer sogar auf Video aufzeichnen. Der Datentransfer zeigte sich ebenso zwischen dem Mitchell-Hedges-Kristallschädel und dem Kristallschädel Corazon de Luz, die wir in einem Versuch mit der Photonenkamera vermessen haben. In allen Fällen zeigten die Kristallschädel eine besondere Photonenaktivität, sobald sie nebeneinander standen. Die Dauer der Datenübertragung war jeweils unterschiedlich lang. Die Interferenzen waren ebenso unterschiedlich in den verschiedenen Wellenlängen. Die Photonenmessmethode ist der Infrarotmessung ähnlich. Die Interferenzen werden über eine Software je nach Wellenlänge der einzelnen Interferenz in farbige Bilder umgerechnet. Es ergibt

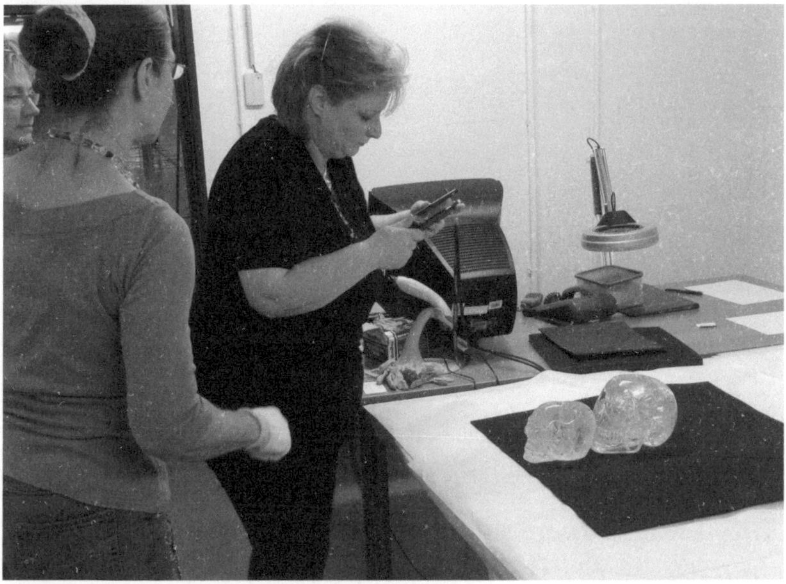

Abb. 8: Karin Tag bei Untersuchungen mit der Photonenkamera im Museum Quai Branly, *Paris*

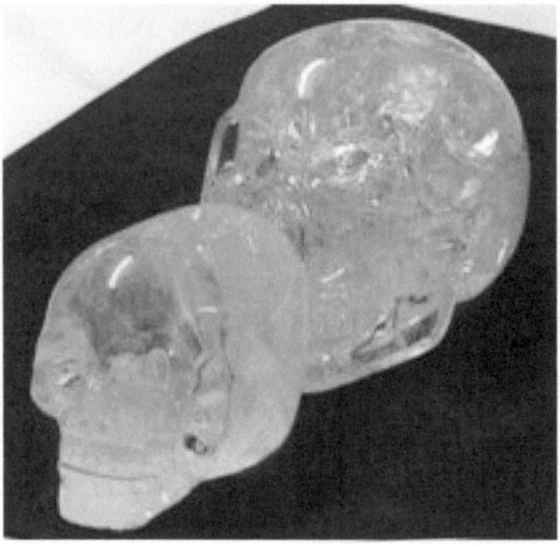

Abb. 9: Der Kristallschädel Corazon de Luz (rechts) und der Kristallschädel vom Museum in Paris (links)

Abb. 10: Das Team vom Seraphim-Institut bei Untersuchungen im Britischen Museum. Kurator James Hamill (links), Karin Tag (Mitte), Christa Schiebold und Kate Soden (rechts)

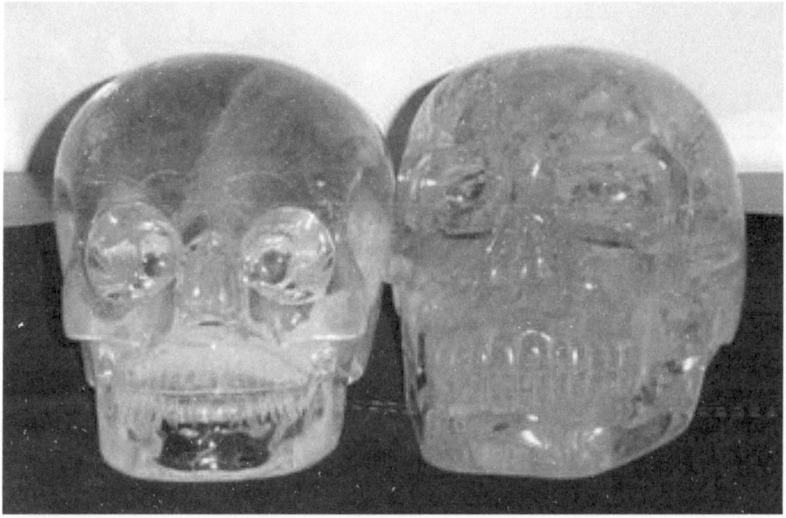

Abb. 11: Kristallschädel des Britischen Museums (links), Kristallschädel Corazon de Luz (rechts)

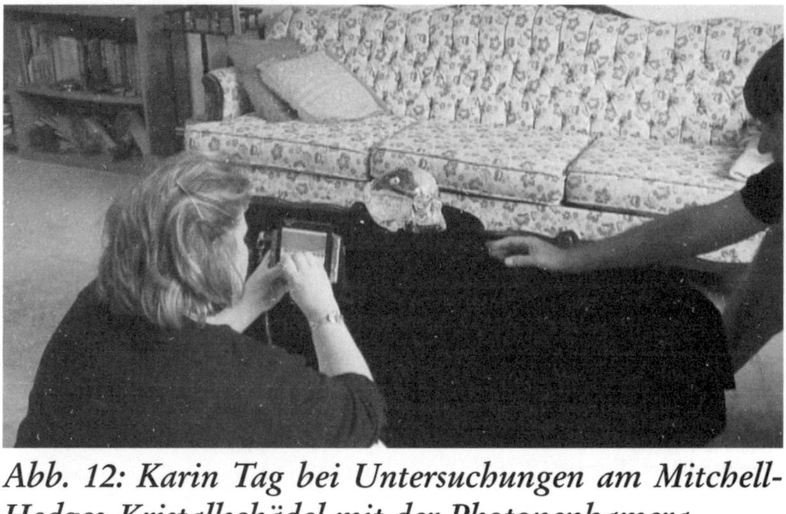

Abb. 12: Karin Tag bei Untersuchungen am Mitchell-Hedges-Kristallschädel mit der Photonenkamera

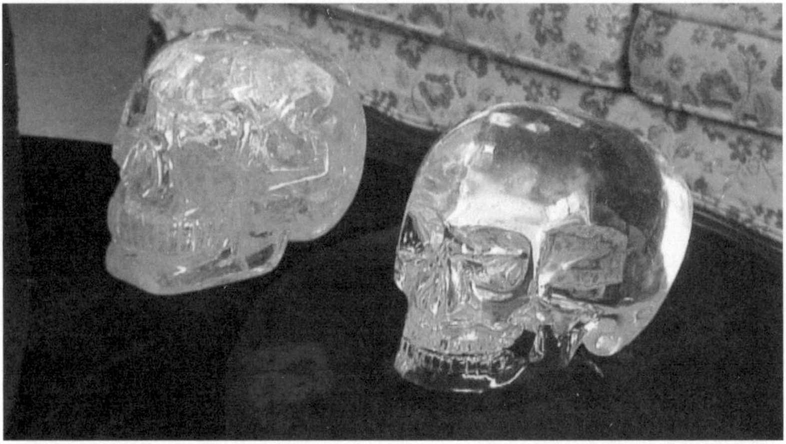

Abb. 13: Kristallschädel Corazon de Luz (links), Mitchell-Hedges-Kristallschädel (rechts)

sich also eine Abbildung der einzelnen Energiefeldreaktionen in Form von farbigen Bildern, die der Computer aus den Interferenzen in eben diese bunten Lichtbänder umgerechnet hat.

Die Forschungen unseres Instituts sollten bestätigen, dass eine Dateninformation auf den alten Kristallschädeln aufgespeichert ist, und dass sie nicht einfach nur uninteressante Objekte einer archäologischen Sammlung sind.

Mit den High-Tech-Geräten, die wir im Forschungsfeld auch für die Untersuchungen an Reliquien und ebenso für Expeditionen und Ausgrabungen verwenden, konnten wir diese Daten anhand ihres Transfers sichtbar machen. Die Technik ist eine Innovation auf dem Gebiet der Energiefeldfotografie. Sie ist der Kirlianfotografie sehr ähnlich. Andere Forscher bedienen sich vergleichbarer Technik, um Energiefelder sichtbar zu machen.

Uns ist es sogar gelungen, das Meridiansystem des Menschen zu fotografieren. Gekoppelt mit einer Infrarotmessmethode, die in die sensiblen Geräte eingebaut ist, werden wir in Zukunft innovative Forschungen auf den Gebieten der Naturheilmedizin und auch in der archäologischen Forschung weiter fortsetzen.

Ich halte es für durchaus möglich, dass eine hoch entwickelte Zivilisation, die auf der Erde lebte, oder dass extraterrestrische Einflüsse die Datencodierung auf den Kristallschädeln vorgenommen haben. Spätestens an diesem Punkt haben wir ja die Erfahrung gemacht, dass bei allem, was sich mit der Spezies oder Lebensform beschäftigt, die möglicherweise von anderen Sternen hierher kam und unsere Erde besucht hat, die Wissenschaftler entweder taube Ohren haben oder sämtliche Beweise plötzlich verschwinden. Das hört sich zwar jetzt für manchen Leser unglaublich an, aber ich will nachfolgend noch andere Beweise für diese Aussage ins Feld führen.

Mit der Theorie, dass in Kristallschädeln Daten gespeichert sind, wie in einem Computer, stehe ich nicht alleine. Ceri Louise Thomas und Chris Morton haben in ihrem Buch *Tränen der Götter* ebenfalls diese Theorie aufgestellt. Glücklicherweise ist es mir gelungen, die Museen noch vor Bekanntgabe des neuen *Indiana-Jones*-Films und der Publizierung des Themas Kristallschädel dazu zu bewegen, die Tür für die Untersuchungen nach langer Zeit zu öffnen. Ich hatte Glück, die Forschungen 2007 abzuschließen, ein drei viertel Jahr, bevor das Thema in die Kinos kam. Auch der Anthropologe Jeremy Narby spricht davon, dass die Struktur der DNA Photonenfrequenzen aussendet. Die Lichtfrequenz liegt im Nanometerbereich bei 900 bis 200 Nanometer. Das entspricht dem Bereich von Infrarot bis Ultraviolett. Narby spricht davon, dass es sich um einen ultra weichen Laser handelt, der Licht in hellen Farben aussendet und ein tiefes Hologramm produzieren kann. Deshalb glaube ich, dass die Kristallschädel ebenso, über bestimmte optische Manipulation von außen, die wir derzeit noch nicht kennen, dazu bewegt werden können, holographische Bilder zu produzieren. Dies macht ein Abfragen der Daten im Kristallschädel möglich, wenn man die Codierung kennt. Wer weiß, was auf bzw. in den Kristallschädeln gespeichert ist. Wie wir von *Hewlett-Packard* wissen und bereits erwähnten, bestimmt die Dicke des Speichermediums die Größe der Datenmenge, die gespeichert werden kann. Es ist also eine kaum vorstellbare Datenmenge, die auf den Kristallschädeln Platz finden könnte. Man spricht von einem Plan der Humanität oder dem Speicher allen kosmischen Wissens, der auf den Kristallschädeln abgespeichert sein soll. Man kann davon ausgehen, dass die Datenmenge vielleicht so groß ist, dass alle Informationen vom Anbeginn der Zeit und des Universums bis hin zur heutigen Zeit gespeichert sein könnten. Auch ist es denkbar, dass alle Daten jederzeit abrufbar sind, wenn man nur den Code kennt, die Daten zu entschlüsseln. Manchmal sind die Dinge ganz einfach zu erklären, wenn man davon absieht, die Wissenschaft als eine katalogisierende, alles dokumentierende Ordnung anzusehen. Die Kataloge und Sammlungen der Museen können keinen Aufschluss über die Wahrheit der Geschichte der Menschheit geben, wenn wir uns nicht darum bemühen, die Energien der einzelnen Objekte zu untersuchen. Ich hoffe, mit meiner wissenschaftlichen Arbeit einen Beitrag zum Umdenken zu leisten.

Was sagt die Prophezeiung der Indianerstämme über Kristallschädel?

»Kristallschädel sind Spiegel unserer Herzen und in diesem Spiegel können sie uns helfen, alle Informationen zu finden, die uns helfen, zu erkennen, was wirklich menschlich ist.«

Leon Secatero, Navajo-Ältester

Einige Indianerstämme des amerikanischen Kontinents verfügen in ihrer Mythologie über ein fundiertes Wissen in Bezug auf Kristallschädel. Vor allem die südamerikanischen Stämme der Maya-Indianer und die Inkastämme glauben an die Mythologie der von ihren Vorfahren überlieferten Legenden über Kristallschädel. Nach der Maya-Prophezeiung gibt es zwölf Kristallschädel, die von den Kosmischen Ältesten von zwölf verschiedenen Planeten auf die Erde gebracht wurden. Der Legende zu Folge soll es auch noch einen dreizehnten Kristallschädel geben, der das letzte Stück einer Prophezeiung ist, die in Zusammenhang mit dem Weiterleben der Menschheit große hereinbrechende Veränderungen ankündigt. Die Prophezeiung besagt, dass in den Kristallschädeln großes Wissen enthalten ist. Die Ältesten und Weisen aus dem Kosmos sollen das gesamte kosmische Wissen über den Ursprung der Menschheit und darüber hinaus über die Entstehung des Universums darin aufgezeichnet haben. Das Wissen sei auf zwölf Kristallschädel verteilt und der dreizehnte sei der Kristallschädel, der den Aktivierungscode beinhalte. Dieser könne die anderen Kristallschädel dazu bringen, ihr Wissen preiszugeben. In der Prophezeiung heißt es weiter, dass die Kristallschädel einst von den Mayas in den Pyramiden gehütet wurden, und dass sie vor den spanischen Eroberern in Sicherheit gebracht worden seien. Erst wenn die Menschheit reif genug sei, würden die Kristallschädel wieder aus ihren Verstecken auftauchen und den Menschen helfen, in den Übergang in ein neues Zeitalter zu gelangen. Die Prophezeiung erfüllt sich mit dem Ablauf des Kalenders der Maya, der am 21.12.2012 endet. Auf den Maya-Kalender und seine Bedeutung bin ich schon im Buch *Mysterium Kristallschädel* weitgehend eingegangen.

Die Hopi-Indianer glauben daran, dass Kristallschädel lebendige Wesen sind. Sie glauben außerdem, dass die kosmischen Urväter wichtige Botschaften und Codes auf den Kristallschädeln hinterlassen haben. Die Wesen, die mit diesen Kristallschädeln verbunden sind, seien die Wächter der Erde. Nach den Hopi-Indianern leben wir jetzt in der Vierten Welt. Die vorherigen Welten, in denen die Menschen in anderen Zivilisationen lebten, sind untergegangen. Nun stehen wir nach dem Hopi-Kalender, der im Übrigen auch im Jahr 2012 endet, vor dem Übergang in die Fünfte Welt. Der Glauben der Hopi-Indianer sowie auch der Maya-Indianer ist sehr stark geprägt von der Vorstellung, dass die Götter oder

Väter der Menschheit aus einer anderen Zeit oder von anderen Planeten stammen. In beiden Kulturen finden wir immer wieder den Glauben und die Traditionen, dass die Götter über Röhrensysteme durch die Zeit auf die Erde kamen. Man muss sich das wie eine Art Zeittunnel vorstellen. Die Maya-Indianer glauben, dass die Götter aus der Erde kamen. Sie stellten sich vor, dass die Götter über Zeittunnel reisten und aus Höhlen, Bergen oder unterirdischen Gängen emporkamen. Viele Skulpturen, Felszeichnungen und monumentale Bilder zeigen die Götter, wie sie aus dem Boden der Erde oder aus Höhlen auf die Erde kommen.

Auch die Hopi-Indianer glauben an den Besuch von Außerirdischen auf unserem Planeten. In der Inka-Kultur finden wir in den Legenden ähnliche Inhalte. Und die berühmten Nasqa-Linien lassen die Forscher heute noch rätseln. Die Linien sind in überdimensionaler Größe in den Boden eingebracht worden, sie sind nur aus der Vogelperspektive mittels des Einsatzes eines Flugzeugs oder Ballons zu erkennen. Abgebildet sind Figuren von Menschen, welche in den Himmel winken, und ebenso Tierbilder, die in ihrer genauen Ausführung imposant wirken. Auf der Erde stehend und die Stellen betrachtend sieht man in dem steinigen Boden überhaupt nichts.

Alle Stämme der Indianer sind sich einig über die Tatsache, dass Kristallschädel von den außerirdischen Göttern auf die Erde gebracht wurden, um den Menschen in eine neue Zeit zu verhelfen. Auch Anna Mitchell-Hedges, die ihren Kristallschädel fast ein ganzes Jahrhundert besaß (sie wurde 100 Jahre alt) und die immerhin sieben Jahre ihres Lebens mit den Maya-Indianern gemeinsam lebte, erzählte, dass die Mayas den Kristallschädel wie einen zurückgekehrten Gott verehrten. Sie glaubten, der Kristallschädel habe magische Kräfte und sei an die Rückkehr der von ihnen geliebten Götter gebunden. Als der Kristallschädel auf der Expedition ihres Vaters von ihr selbst in einer Spalte einer Pyramide entdeckt wurde, glaubten die Mayas, der erste Teil ihrer Prophezeiung sei erfüllt worden. Für die Maya, die Inka sowie für die Hopi ist es eine ganz selbstverständliche Tatsache, dass die Götter von anderen Sternen auf die Erde zurückkommen werden. In der Nähe des letzten Hopi-Reservates, in dem die Hopi als einziges Indianervolk ein winziges Stück ihres heiligen Landes behalten durften, liegt Sedona in Arizona. Sowohl Sedona wie auch Phoenix in Arizona sind durch besondere UFO-Sichtungen berühmt geworden. Es gibt in diesem Gebiet immer wieder Menschen, die UFOs gesichtet haben wollen. Die Indianer sehen das als selbstverständlich an. Sie glauben, dass über dem gesamten Gebiet quer durch Arizona ein besonderes Magnetfeld liegt, das es möglich macht, dass Wesen aus anderen parallelen Universen gesehen werden können. Von den vielen wertvollen kulturellen Gegenständen der Indianerstämme aus Südamerika ist so gut wie fast nichts übrig geblieben. Aufgrund der Eroberung durch die Spanier sind fast alle wertvollen Kultgegenstände und wichtige religiöse Objekte, Kalender und Zeittafeln verloren gegangen. Nicht nur das, Millionen eingeborener Indianer Süd- und Zentralamerikas sind umgebracht worden. Somit gibt es weder genaue mündliche noch schriftliche Überlieferungen über die Riten in den Tempeln und Anlagen, die man bis jetzt gefunden hat. Das Ganze erscheint fast wie ein systematisches Auslöschen einer sehr hoch entwickelten Kultur mit den präzisesten Kalendern und Sternkarten, die es vielleicht je gegeben hat. Immerhin ist der Kalender der Maya bis in das Jahr 2012 noch gültig.

Bei meinen Treffen mit den Hopi-Indianern und den Inka- und Maya-Priestern kamen unterschiedliche Aussagen zu Stande. Grandfather Martin von den Hopi betrachtet die Kristallschädel beispielsweise als selbstständige Wesenheit, welche die Menschheit vorbereitet. In Sedona traf ich die Kommanschen und Irokesen, die in Tränen ausbrechen, wenn sie den Kristallschädeln begegnen. Ihr Urinstinkt vermittelt ihnen die Kraft der Kristallschädel, und sie wissen, dass diese ein mächtiges Geschenk der Vorfahren sind und zur Hilfe für die Menschheit auf die Erde gebracht wurden. Sie erachten es als Vorraussetzung für den Frieden unter den Völkern, dass die Menschen in ihrem Bewusstsein wachsen und wieder enger mit Mutter Erde und den heiligen Elementen leben lernen. Sie glauben, dass die Zeitenwende eine wichtige Rolle spielt in der gesamten universalen Geschichte des Planeten Erde. Grandfather Martin beschreibt seine Visionen über die Zukunft, nachdem er mit den Kristallschädeln Kontakt hatte, als ungewiss und schwankend. Die Visionen seien einem ständigen Wechsel unterworfen, weil die Menschheit keinen einheitlichen Weg finden könnte. Die letzte Prophezeiung nach der Sommersonnenwende fiel nicht sehr positiv aus. Grandfather Martin beschreibt ein Szenario, das nicht viel Hoffnung auf einen friedlichen und harmonischen Übergang macht. Er beschreibt eine militärische

Aktion, die von den Chinesen und den Russen ausgehen soll. Ich bin dennoch davon überzeugt, dass wir diese Zukunft ändern können, wenn wir uns darum bemühen, unsere Energiestruktur zu verändern. Die Prophezeiung aller Indianerstämme in Bezug auf die Kristallschädel besagt, dass die Welt der Menschen sich in einen tausendjährigen Frieden entwickeln kann, wenn sich die Menschen dem spirituellen Bewusstsein öffnen. Somit würden dann die restlichen Kristallschädel zusammengebracht, um alle Informationen zu liefern, die die Menschheit in die Lage versetzen, einen friedlichen Planeten zu schaffen. Bis zum Jahr 2012 bleibt uns noch genügend Zeit, um das zu versuchen. Ich habe in den letzten Wochen Briefe an alle Maya-Ältesten, Hopi-Ältesten, Inkapriester und an alle Schamanen versendet, die mir bekannt sind. Ich habe sie mit den Worten der Indianersprache aufgerufen, dass wir uns versammeln müssen. Wir müssen versuchen, die Kristallschädel zusammenzubringen. Zu diesem Zweck reise ich um die ganze Welt – um die Kristallschädel zu finden, die zu den 13 Kristallschädeln gehören, die in der Prophezeiung erwähnt werden. Außerdem will ich alle modernen Kristallschädel mit den alten zusammenbringen, da ich glaube, dass auch die neuen Kristallschädel eine wichtige Aufgabe zu erfüllen haben. Ich glaube, dass die neuen Kristallschädel von den alten programmiert werden, um die Menschen auf den großen Augenblick der Transformation vorzubereiten.

In den Legenden meines schamanischen Lehrers, der mir auch die große Ehre zuteil werden ließ, einen der Kristallschädel, den Kristallschädel Corazon de Luz, zu bewahren, erzählt er von der Geschichte eines Adlers. Der Adler kann in seiner irdischen Präsenz 70 Jahre alt werden. Wenn er 40 Jahre alt ist, muss er eine sehr wichtige Entscheidung treffen. Seine Federn sind so lang und schwer geworden, dass er nicht mehr fliegen kann. Sein Schnabel und seine Klauen sind so lang geworden, dass er weder Beute machen noch Nahrung aufnehmen kann. Er muss sich nun entscheiden, was er tun will. Entweder er stirbt oder er zieht sich auf einen hohen Berg zurück. Auf dem Berg erfährt er eine besondere Transformation. Er reißt sich seine Federn aus, schlägt sich den Schnabel ab und zerbricht seine Krallen an dem harten Fels des Berges. Tut er dies nicht, muss er sterben. Tut er es aber, dann wachsen ihm nach drei Monaten wieder neue Federn, Krallen und ein Schnabel und er kann – transformiert – weitere 30 Jahre leben. Diese Metapher kennen auch die Maya-Indianer. Sie nennen es die Erneuerung und sie glauben, dass der Mensch nun vor eben einer solchen Entscheidung steht. Entweder die Menschen transformieren sich – oder die Zivilisation unserer Zeit geht zu Ende. Wie immer wird eine geringe Anzahl Menschen überleben – und die Zivilisation beginnt von vorne. Die Hopi glauben, dass am Übergang in die Fünfte Welt ihre Freunde und Götter von den anderen Sternen zurückkommen werden, um ihre Nation zu retten. Sie leben eng mit der Natur und den Gesetzen der elementaren Kräfte der Erde, der Sonne und des Mondes und auch der Sterne am Firmament. Wenn man mit den Indianern spricht, dann kann man ihre Weisheit und ihr Wissen fühlen. Man kann auch die Kraft der Kristallschädel fühlen, wenn man ihnen zum Beispiel in einem schamanischen Ritual begegnet. Ich kann jedem Menschen nur empfehlen, ein solches Ritual wenigstens einmal zu versuchen. Ungeahnte Kräfte tun sich hierin auf und die Begegnung mit der eigenen universellen Schöpferkraft und der eigenen Göttlichkeit ist atemberaubend schön. Dank meiner Einweisung in die schamanischen Rituale durch die Inka habe ich die große Freude, mit dem Kristallschädel Corazon de Luz diese Rituale zu praktizieren und zu erleben. Die tiefe Verbundenheit und Lichtkraft und die unglaubliche Liebe, die aus dem Kristallschädel erwächst, ist sehr tief bewegend. Der Kristallschädel wirkt hier nur als Werkzeug und hilft dem Menschen auf allen Ebenen. Er hilft dem Menschen, seine Krallen abzuwetzen und neu wachsen zu lassen, seine Federn zu erneuern und ein Phönix zu sein, der ein neues Leben beginnt. Ich habe so viele Menschen gesehen, die mit Glückstränen gesegnet das Ritual verlassen und ein neues Leben begonnen haben. Man kann diese Augenblicke nicht in Worte fassen.

Diese Augenblicke sind es, für die es sich lohnt zu kämpfen. Ich habe mich für diesen Weg entschieden. Oft ist es schwer, weil die finanziellen Mittel nicht ausreichen, um nur noch um die Welt zu reisen und für den Frieden zu handeln. Doch immer wieder finden sich Menschen, die erkennen, wie wichtig diese Aufgabe ist, und die selbstlos das Projekt unterstützen. Das lässt hoffen, dass die Menschen doch noch eine Wandlung erfahren bis in das Jahr 2012. Ich habe Hoffnung – sehr große sogar. Ich bin eine allein erziehende Mutter von zwei Kindern und ich kämpfe für ihre Zukunft. Ich kämpfe für die Zukunft aller Kinder dieser Erde. Wenn ich es tue, dann tun es andere Menschen ebenso. Dann habe ich meine Aufgabe erfüllt und ich habe den Kristallschädel für das genutzt, wofür er mir gegeben wurde. Ich habe den Kristallschädel erhalten, um ihn seinem heiligen Zweck zu übereignen: dem Zweck, Frieden und Hoffnung in die Welt zu bringen und Mutter Erde zu heiligen. Ich habe geschworen, den Kristallschädel einzusetzen, um Eifersucht und Hass aufzulösen und Liebe und Licht zu pflanzen in jedem menschlichen Herzen und in jedem Lebewesen. Ich habe gelobt, den Kristallschädel zum Spiegel des Herzens jedes Menschen werden zu lassen. Und ich habe versprochen, die Indianerstämme zu achten und ihr Wissen weiterzugeben. Ich habe versprochen, auf jede erdenkliche wissenschaftliche Weise zu versuchen, die Menschen mit dieser Wahrheit zu berühren. Ich habe versprochen, die Zukunft der Erde mit dem Licht, der Weisheit und der Kraft der Kosmischen Ältesten zu erfüllen, die in der Zukunft Mutter Erde und die Menschen mit Frieden, Glück, Freude und spiritueller Freiheit erfüllen werden. Ich habe es versprochen. Möge dieses Buch ein Teil der Erfüllung meines Versprechens sein.

Teil 2

Wir stöbern in der Weltgeschichte

Das Haupt des Baphometh

Wenn wir uns mit der geheimen Bedeutung von Kristallschädeln auseinander setzen wollen, um herauszufinden, ob sie vielleicht im Geheimen doch schon seit geraumer Zeit existiert haben, dann müssen wir uns die Arbeit und Mühe machen, den einzelnen Hinweisen in der Geschichte auf den Grund zu gehen. Immerhin könnte es sich bei den Kristallschädeln um derart geheime Objekte handeln, dass sie nur unter Eingeweihten bekannt waren. Stellen wir uns vor, dass Kristallschädel möglicherweise mit dem Heiligen Gral, mit der Bundeslade oder gar dem Stein der Weisen identisch sind, dann wird auch begreifbar, wie viel Mühe sich die Eingeweihten unter Umständen gegeben haben, um die wahre Existenz der Kristallschädel zu verschleiern. Wir dürfen uns vorstellen, dass es sich um ein Geheimnis gehandelt haben könnte, das so einzigartig ist, dass Menschen für dieses Wissen ihr Leben gegeben haben, um es zu schützen. Das macht es auf der Suche nach echten, hieb- und stichfesten Beweisen nicht gerade leicht. Viele Schriften wurden im Mittelalter als ketzerisches Schrifttum verbrannt. Durch die Inquisition wurde jeder Ansatz des freien Denkens im Keim erstickt und eventuelle Eingeweihte systematisch ausgerottet. Durch die spanischen Eroberer wurden sämtliche kulturellen Artefakte und historische Besonderheiten radikal vernichtet. Millionen südamerikanischer Indianer wurden getötet wegen des Goldes und der vielen anderen Kostbarkeiten ihrer Kultur. Der Raubzug der spanischen Conquistadores muss unvorstellbar gewesen sein. Der letzte Inka-König Atahualpa muss ungeheure Massen an Gold und Silber für die Freiheit seines Volkes und sein eigenes Leben bezahlt haben. Allerdings ohne Erfolg. Alle wurden des schönen, glänzenden Reichtums wegen ermordet. Ich wage es mir kaum vorzustellen, welche wunderbaren Kostbarkeiten die Spanier im Namen der Kirche zerstört haben. Schätze von ungeheurem Wert – auch im historischen Sinne. Ich glaube, es wäre heute sehr leicht, die Existenz der Kristallschädel in der Maya-Kultur nachzuweisen, wenn die vielen Goldtafeln mit Inschriften, Zeichen und Abbildungen nicht eingeschmolzen worden wären. Man kann sich die Unmenge an Gold kaum vorstellen, die eingeschmolzen und zu Kruzifixen und Goldmünzen geprägt wurde. Wenn wir also in der Geschichte suchen, dann müssen wir nach den übrig gebliebenen Hinweisen fahnden, die unauffällig an den Zensierungen der Inquisition vorbei überlebt haben. Und hierbei stoßen wir als Erstes auf die Erzählungen, die in Zusammenhang mit den Templern stehen. Sie waren diejenigen, die direkt auf dem Tempelberg ihre Stiftshütte errichten durften. Sie waren es, die aufgrund ihres plötzlichen Wissens in der Historie immer wieder auftauchten und in allerlei Verschwörungstheorien verwickelt waren. Nun können wir hier nicht auf die ganze

Geschichte der Templer eingehen. Aber ein paar Dinge müssen wir uns anschauen, denn es gibt in der Geschichte der Templer doch ein paar auffällige Hinweise, die mich persönlich davon überzeugten, dass die Templer einen Kristallschädel besaßen, den sie Haupt des Baphometh nannten. Wer die Geschichte der Templer nicht kennt, muss zuerst einmal wissen, dass sie lange sehr viel Einfluss weltweit hatten. Ihr Wissen und auch ihre Geschäftstüchtigkeit machten sie zu einer einflussreichen Organisation, die sich Bruderschaft nannte. Als der Einfluss der Templer den Kirchenoberen aber zu mächtig wurde, suchten sie sich der Macht der Templer zu entledigen, indem sie einen Prozess gegen die Templer anstrengten, der beweisen sollte, dass sie Teufelsanbeter waren. Ihnen wurde unter anderem vorgeworfen, sie würden einen Teufelskopf anbeten, den sie Baphomet nannten. Die Kirche verunglimpfte die Taten der Templer schamlos und denunzierte die Geschichte der Entdecker und wahrhaften Ritter. Mit düsteren Schilderungen färbten sie das Ansehen der Bruderschaft, die sich dagegen nicht wehren konnte. Sämtliche bildliche Darstellungen Baphomets als Teufel wurden zur Verunglimpfung der Templer von der Kirche in Auftrag gegeben, und noch heute glauben Menschen, der Teufel sei ein gehörnter Bock. So versuchten die Vertreter der Kirche in Verhören, bei denen die Templer auch gefoltert wurden, genug Beweise zu inszenieren, um sie aus dem Weg zu räumen. In historischen Aufzeichnungen finden wir nur wenige Beschreibungen des Hauptes Baphomets von den Templern. Sie stammen von jenen, die während ihres Verhörs vor der Kirche vielleicht nur unvollständige oder unter Folter erpresste Aussagen gemacht haben. In den Überlieferungen charakterisieren sie den »Kopf« als Verkörperung Mohammeds und schreiben ihm magische Kräfte zu. Der Kopf soll anstatt Augen Karfunkel gehabt haben. Die im Templerprozess erwähnte Legende vom sprechenden Kopf ist ein meiner Meinung nach sehr wichtiges Indiz dafür, dass es sich in Wahrheit um einen Kristallschädel gehandelt haben kann. Im Templerprozess wurde die Geschichte eines Tempelherrn erzählt, eines Herrn von Sidon, der in eine Frau aus Maraclea verliebt gewesen sei. Als diese aber starb, soll der Ritter sie in ihrem Grab geschändet haben. Eine Stimme soll ihm befohlen haben, nach neun Monaten wiederzukommen, um seinen Sohn zu empfangen, den er mit der Toten gezeugt habe. Der Herr von Sidon soll nach neun Monaten zurückgekehrt sein und im Grab der geliebten Toten auf den Oberschenkeln des Skelettes einen Kopf gefunden haben. Wieder vernahm er eine Stimme, die ihm auftrug, den Kopf gut zu verwahren, er sei der Spender aller guten Dinge. So sei der Kopf in den Besitz des Templerordens gelangt.

Nun, die Geschichte passt nur zum Teil in das Bild, das man von den Tempelrittern hat. Ehre und Ansehen galten viel in ihrer Zunft. Dieses Vorgehen wäre also von den Ordensbrüdern so nicht hingenommen worden. Auch glaube ich, dass die Geschichte während des Prozesses bewusst so dargestellt wurde, um einen Grund mehr zu haben, die Templer zu verurteilen. Schauen wir hinter die Kulissen. In der Geschichte der Sabier wird ein sprechender Kopf von einer nekrophil geschändeten Jungfrau mit dem Namen Yse geboren (Picatrix 2. Buch,

Kapitel 12). Die Sabier waren Mitglieder einer halbchristlichen Sekte, sie wurden von den Muslimen als Inhaber einer Offenbarung anerkannt. Sie sollen Gnostiker gewesen sein, die einen ausgeprägten Sinn für Astronomie hatten und magische Riten zelebrierten. Die Sabier sollen Pilgerzüge nach Ägypten unternommen haben. Sie besuchten unter anderem die Pyramidengräber von Agathodaimon und von Trismegistos. Der Name der Jungfrau, die den Kopf gebar, Yse, soll sich von Isis ableiten. Und da haben wir den Hinweis, auf den wir schon lange gewartet haben: Isis und die Geschichte mit dem weissagenden Kopf ist hier das Bindeglied zu einer Zeit lange vor Christus. Sie kann sich sogar weiterführend bis auf den Schädel Adams beziehen. Auf die Geschichte von Isis und dem Kopf von Osiris werde ich im nächsten Kapitel noch ausführlicher eingehen. Bleiben wir noch eine Weile bei den Templern und meiner Annahme, dass es sich bei Baphometh um einen Kristallschädel gehandelt haben kann.

Schauen wir uns die verschiedenen Interpretationen des Wortstammes an:

Abufihamet – arabischer Ursprung »Vater des Verstehens«,

Baphe Metis – griechisch für »Eintauchen in die Klugheit«,

Templum **o**mnium **h**ominum **p**acis **ab**bas (der Tempel des Friedens unter allen Menschen) – umgekehrt Baphometh.

Es wird vermutet, dass es sich bei der Darstellung des Baphomet als Teufelsgestalt um eine Verunglimpfung seitens der Inquisition gegen die Templer handelte. Man versuchte den Templern alles Mögliche anzudichten, um sie verurteilen zu können.

In einer Templerburg auf einem Bergrücken der Serra Constancia in Portugal findet man das einzige übrig gebliebene Abbild Baphomeths. Im Jahr 1160 erbauten die Templer diesen Ordenssitz, der durch seine beeindruckende Architektur ein Meisterwerk darstellt. Wenn man sich den Baphometh aus der Templerburg Tomar ansieht, dann erkennt man etwas ganz anderes als eine gehörnte Ziegenbockfigur, die den Teufel darstellt. Das Abbild des Baphometh konnte aus der Burg nicht entfernt werden, da sonst der gesamte Raum, in dem es sich befindet, eingestürzt wäre. Diesem Umstand verdanken wir es, dass sich das Abbild Baphomeths noch dort erhalten hat. Die Darstellung in dem als Schlussstein bezeichneten Relief hat nichts mit dem Bild des Teufels zu tun, das die Inquisition so schrecklich ausmalte, um die Templer der Teufelsanbetung bezichtigen zu können. Man kann auf dem Bild eine dreigesichtige Gottheit erkennen. Die dreigesichtige Gottheit wird uns in einem späteren Kapitel im Zusammenhang mit den Päpsten der katholischen Kirche noch einmal wieder begegnen. Die drei Gesichter des Kopfes blicken in die Zu-

Abb. 14: Abbild des Baphometh in der Templerburg Tomar, Portugal

kunft, in die Gegenwart und in die Vergangenheit, was für mich ein eindeutiger Hinweis auf weissagende Fähigkeiten ist.

Betrachten wir das Bild genauer, dann fällt uns auf, dass Baphomet ein bärtiger Mann mit einem Turban um den oberen Teil des Kopfes ist. Beschäftigt man sich mit den Lehren der Templer und schaut sich die Historie des Ordens an, dann versteht man sehr gut, warum hier ein bärtiger Araber dargestellt ist.

Abdul al Hazred gilt laut geheimer Schriften des Templerordens als eine wichtige und zentrale Lehrerfigur der Bruderschaft. In verschiedenen Schriften (zum Beispiel: *Die Geheimlehre der Tempelritter* von Allan Oslo, Patmos Verlag) oder im Buch *Die magischen Geheimnisse aus dem Necronomicon* (Giovanni Grippo) erfahren wir viel über den Lehrer und Meister des Templerordens. Im *Necronomicon* werden wir von einem Schüler Abdul al Hazreds, Archentechtha, über wichtige Vermächtnisse des Abdul al Hazred informiert.

In den Aufzeichnungen seines Schülers findet man einige Fabeln und Geschichten, die uns verwundern müssten. Zum Beispiel entdecken wir in einer Schrift, die in ein Szenario um 730–800 nach Christus eingebettet ist, wichtige Fakten der geheimen Lehre der Templer. Hier ist Wissen überliefert, welches so manche Sensation bereithält. Der Schüler Archentechtha erzählt, dass die Pyramiden von einem König und Baumeister Saurid erschaffen worden seien. Der hebräische Name des Baumeisters sei Henoch. Die Griechen bezeichnen ihn als den Hermes Trismegistos. Er habe die Pyramiden von Gizeh in sechs Tagen erbaut, da ihm die Götter in einer

Prophezeiung mitgeteilt hatten, dass eine große Flut kommen würde. Um das Wissen, die Schriften und die Schätze der Menschheit zu erretten, baute er die Pyramide von Gizeh. Seinen Namen soll er in den Abschlussstein auf der Spitze der Pyramide angebracht haben. Interessant ist, dass dieser Schlussstein der Pyramide fehlt und wir dieses geheime Wissen nicht nachprüfen können. Weiter beschreibt Archentechtha, dass es verschiedene Pforten oder Tore des geheimen Ordens gibt, die offensichtlich eine bestimmte Verwendung haben. In der Geheimschrift werden Symbole und Zeichen der Henoch-Sprache überliefert, die geheime Bedeutung haben. Mit der Verwendung dieser Schlüssel des Henochschen Systems sollten sich später viele Alchemisten und Naturwissenschaftler des Mittelalters und darüber hinaus beschäftigen. In *Das Buch der Engel – Das Henochsche-System* werden die Symbolik und die sprachliche Bedeutung von Anrufungen und Zauberformeln aus der Ordensgemeinschaft der Tempelritter preisgegeben. Die Sprache der Engel ist eine Zaubersprache, die offensichtlich an die Wesen des Lichtes oder die Wesen der Engelschaft geknüpft ist. Sie verschafft dem Eingeweihten eine besondere Fähigkeit, das universelle Wissen zu erfahren und die Kräfte der Gestirne und die Grundprinzipien der Elemente Feuer, Erde Wasser und Luft zu verwenden. Es ist in den Schriften sogar die Rede von geheimen Toren oder Pforten, die mittels der Henochschen Zauberformeln geöffnet werden können. Nach den Beschreibungen und dem Durcharbeiten der Werke bin ich zu dem Schluss gekommen, dass es sich wohl um eine tatsächliche Überlieferung nicht nur alchemistischen

Wissens handelt, sondern, dass deutlich belegt wird, dass die Templer in der Lage waren, über Portale durch die Dimensionen oder Zeiten zu reisen. War das geheime Wissen der Templer an Zeitreisen geknüpft? Haben sie möglicherweise das Wissen der Kristallschädel als die dreigesichtige Gottheit genutzt, um die Sprache der »Götter« zu verwenden und durch die Zeit zu reisen? Das ist eine ungeheuerliche Vermutung, die nicht leicht zu beweisen sein wird. Das Wissen um magische Steine stammt aus der arabischen Wissenschaft und beinhaltet viele Sagen, die bestätigen, dass weissagende Köpfe in der Antike und in den Zeiten davor immer wieder auftauchen. Sämtliche Alchemisten, die in Verdacht stehen, Kristallschädel besessen zu haben, sind Wissenschaftler und Gelehrte, die sich mit den Schriften von Aristoteles oder den arabischen Gelehrten beschäftigt haben. Alle haben sie die Künste der heilenden Steine studiert und haben sich durch besondere alchemistische Kunst verdient gemacht. Diese Gelehrten und Denker wollen wir uns nachfolgend noch genauer ansehen, um Beweise für die Kristallschädel zu finden. Hier ist nochmals darauf hinzuweisen, dass es sehr schwierig ist, einen solchen Beweis zu finden, denn es handelt sich um ein Objekt, das der Stein der Weisen oder der Gral selbst sein könnte. Niemand hätte dieses Wissen unverschlüsselt niedergeschrieben.

Der Templerorden hatte seine Stiftshütte genau auf dem Tempelberg errichtet. Er hatte Zugang zu dem unterirdischen Gangsystem, das nachweislich unter dem Tempelberg verborgen ist. Man spekuliert immer wieder darüber, was sie wohl unter dem Tempelberg entdeckt haben. Vielleicht haben sie nicht nur die Bundeslade, das Attik-Jomin, welches in der kabbalistischen Schrift des *Sohar* als mehrere Schädel bezeichnet wird, entdeckt, sondern auch Portale, mit denen sie durch die Zeit reisen konnten? Auf dem Tempelberg soll Mohammed auf einem Pferd in den Himmel geritten sein. Auch spricht man von Jerusalem selbst als einem »Tor zur Neuen Welt«. Könnten die Templer also tatsächlich so etwas wie ein Tunnelsystem mit Portalen entdeckt haben? In der Schrift des Archentechtha beschreibt der Schüler Al Hazreds, dass er eine letzte Pforte in Richtung Basra aktiviert. Ist das die Beschreibung eines Systems an Pforten, die für Zeitreisende installiert wurden? Wie passt das mit der Legende der Maya und Inka oder den Azteken zusammen, die beschreiben, dass die Götter durch die Erde reisen? In der Legende der Maya heißt es, die Götter kamen aus der Erde und stiegen aus Höhlen oder aus Tunneln empor. Die Erde wird oft auch als Hund dargestellt – der Hund, der auch in der ägyptischen Mythologie der Wächter der Unterwelt ist.

Zufall?

Ein Buch mit Fundstücken aus Zentralamerika ließ mich fast zu Stein erstarren. Ich fand in diesem Buch mit fotografischen Abbildungen eine Skulptur, die einen Hund darstellt, der ein Gesicht zu verschlingen scheint. Diese Figur sehen Sie auf der nächsten Seite abgebildet – nicht im Original, sondern als Zeichnung, weil ich die Bildrechte für das betreffende Fotos so schnell nicht klären konnte. Das Original kann man in dem Buch *Götter und Mythen der Azteken* (Norman Bancroft Hunt, Gondrom Verlag) einsehen.

Abb. 15: Zeichnung Skulptur Hund mit Kopf, Jutta Wietschorke

Man kann deutlich sehen, dass ein bärtiger Mann abgebildet ist, und die Schuppen der Figur könnten auf eine Art Ritterrüstung schließen lassen. Die Indianer hatten aber keine Bärte. Das bedeutet, hier sieht man das Abbild eines Gottes, der aus der Erde steigt und der einen Oberlippen- und Unterlippenbart trägt. Auf einer Figur im gleichen Buch sieht man einen Mann aus der Erde steigen, der ein Bündel trägt. Neben der Beschreibung steht, dass es sich um ein Neugeborenes handelt. Die Skulptur stammt aus der Epoche 700 nach Christus, eben jener Zeit, da der Araber Al Hazred angeblich durch die Zeit gereist ist. Sollten vielleicht die Templer einen Kristallschädel vor Feinden durch einen Zeittunnel in Sicherheit zu den Indianern Südamerikas gebracht haben? Haben die Pyramiden und Tempel der Urvölker Mittel- und Südamerikas nicht ohnehin eine Verbindung zu den ägyptischen Pyramiden?

Nach der Legende sollen die Götter die Kristallschädel gebracht haben, um sie dort für die Menschheit aufzubewahren, bis die Zeit reif dafür ist, dass die Kristallschädel zusammengeführt werden. Ich halte es für möglich, dass die Kristallschädel aus einer ganz anderen Zeit stammen. Vielleicht aus Atlantischer Zeit? Und die Templer müssen davon gewusst haben. Möglicherweise haben sie nicht nur aus dem Tempelberg ihr Wissen zusammengetragen, sondern sie haben vielleicht auch die Schätze aus den Pyra-

Abb. 16: Zeichnung Steinskulptur: Gott entsteigt dem Boden

miden von Gizeh zusammengeklaubt. Al Hazred beschreibt die Geschichte des Bauherren Trismegistos, Hermes oder Henoch. In einem späteren Kapitel will ich noch die Tatsache erklären, dass sich in Kristallschädeln nicht nur Daten, sondern auch Karten und Lagepläne befinden können. Haben die Templer diese Lagepläne verwendet und haben sie ein altes Transportsystem benutzt, über welches sie in Südamerika oder sonst irgendwo auf der Erde »auftauchen« konnten?

Wenn die Kristallschädel also schon früher in der Geschichte irgendwo auftauchen, dann könnte es wirklich sein, dass an dieser Vermutung, so unglaublich sie klingt, etwas Wahres sein kann. Das würde auch die parallelen Geschichten erklären, in denen die Indianervölker des gesamten amerikanischen Kontinents beschreiben, dass die Götter fliegende Wesen sind, die um die Erde reisen. Diese Vorstellung findet sich auch auf der Osterinsel wieder mit dem sogenannten Vogelmannkult. Die Beschreibungen des Attik-Jomin im *Sohar* habe ich im Buch *Mysterium Kristallschädel* schon belegt und deutlich gemacht, dass es sich bei der Bundeslade oder dem Heiligen Gral um Kristallschädel handeln kann. Finden wir in der ägyptischen Geschichte vielleicht noch Hinweise auf weissagende Köpfe? Gibt es einen Beleg dafür, dass selbst die alten Pharaonen schon die weissagenden Kräfte von Kristallschädeln benutzten? Ungeachtet dieser Fragen scheint es mir mehr und mehr verständlich zu werden, dass die Templer, die über erstaunliche Fähigkeiten und damit verbunden große Macht verfügten, sich mächtige Feinde schufen. Lange Zeit konnten sie ihre Geheimnisse verbergen, weil sie bei ihrem

Leben schworen, die Geheimnisse des Ordens zu bewahren. Die hohe Baukunst ist offensichtlich nicht das Einzige, was die Templer an geheimem Wissen hüteten. Das scheint vielleicht auch ein Grund zu sein, weshalb später die spanischen Conquistadores ein solch großes Interesse an der Eroberung Mittel- und Südamerikas hatten. Sie mussten von den unglaublichen Schätzen der Indianer gewusst haben. Nach der Verurteilung und Ermordung der Großmeister des Templerordens verschwand ein Großteil des geheimen Wissens im Dunkel. Wer weiß, wer dieses Wissen heute noch anwendet? Doch erst einmal wollen wir nach Hinweisen auf Kristallschädel in der ägyptischen Kultur suchen, denn vor Al Hazred muss es noch andere gegeben haben, die die Kristallschädel benutzten, um in die Zukunft zu sehen.

Der Kopf des Osiris oder ein Kristallschädel?

Die Geschichte von Isis oder Yse aus dem Templerprozess hat eine viel tiefere Bedeutung, als es auf den ersten Blick erscheint. Wir erinnern uns an die Geschichte des Tempelritters, der den Schädel auf den Gebeinen seiner Toten findet. Diese Frau soll Yse geheißen haben. Hinweisen zu Folge soll es sich aber um Isis gehandelt haben – die ägyptische Gottheit. Auf der Suche nach weissagenden Köpfen begegnet Isis uns auch sofort in der Mythologie wieder, weshalb ich glaube, dass die Geschichte des Templers eine Verdrehung der Tatsachen ist, die sich wiederum die Inquisition ausgedacht hat, um die Templer zu richten. Schauen wir uns die Geschichte der Isis an, dann wird uns bewusst, dass die Kristallschädel wirklich viel länger als geheimer Gral des Lebens oder als Wissen spendender Quell aufbewahrt wurden, als wir uns das zuerst vorstellen konnten.

Die Geschichte beschreibt, dass vor langer Zeit, als die Götter ihren Sitz in Ägypten hatten, die Himmelsgöttin Nut vier göttliche Kinder zur Welt brachte. Osiris, Isis, Nephthys und Seth waren die Namen dieser göttlichen Kinder. Osiris heiratete seine Schwester Isis, er kam auf den Thron und regierte über Ägypten. Friedliche Jahre in der ersten Zeit seiner Regentschaft machten den Herrscher als weisen und gerechten Mann berühmt. Seth wurde eifersüchtig und wollte seinen Bruder ermorden. Er wollte an seiner Stelle den Thron besteigen. Er dachte sich eine List aus, um den klugen Herrscher zu töten. Seth schuf eine Truhe, die so groß war, dass der Körper des Bruders darin Platz hatte. Mit einer List brachte er den Bruder dazu, in die Truhe zu steigen. Er versiegelte sie mit Blei und ließ sie im Nil versenken. Seth bestieg den Thron und das Volk musste sich seiner Herrschaft beugen. Isis, unglücklich vor Trauer um ihren Gemahl, fand die Truhe mit dem toten Osiris und brachte sie in die Sümpfe Ägyptens, um ihn dort zu bestatten. Seth aber war Isis gefolgt und entdeckte den Leichnam des Osiris. Er ließ den Körper des Osiris auseinander reißen und verstreute die Körperteile in der ganzen Welt. Der Platz aber, an dem der Kopf des Osiris von Seth versteckt worden sein soll, wurde zum heiligen Tempel gemacht. Unter verschiedenen späteren Herrschern, nicht zuletzt Ramses II., wurde die Anlage als eine der schönsten ägyptischen Anlagen ausgebaut.

Innerhalb des Tempels soll sich zu der Zeit, als der Kopf des Osiris noch dort verborgen war, ein Orakel befunden haben. Der Kopf soll den Menschen geweissagt haben. Isis und ihre Schwester Nephthys suchten die Teile des Osiris wieder zusammen und verwendeten magische Sprüche, um ihn zum Leben zu erwecken. Isis gebar kurz darauf ihren Sohn Horus und Osiris herrschte fortan in der Unterwelt. Horus, der Falkengott, rächte seinen Vater und erschlug Seth.

In Ägypten findet man heute noch den alten Tempel des Seth in Abydos. Hier soll der weissagende Kopf des Osiris als Orakel prophezeit haben. Die Inschriften und Darstellungen weisen sogar auf weissagende Bilder hin, die aus dem Kopf des Osiris gelesen worden sein können. In einer Schriftzeichenreihe oberhalb eines Säulenganges findet man deutliche Zeichen, die uns an moderne Geräte unserer Zeit erinnern.

Auf der Abbildung sind eindeutig Hubschrauber und ein Panzer sowie ein auf dem Kopf stehendes Maschi-

Abb. 17: Im Tempel des Seth befindliche Hieroglyphen (Zeichnung von Jutta Wietschorke)

nengewehr zu erkennen. Sind hier vielleicht die Darstellungen von Geräten unserer heutigen Zeit abgebildet, weil sie aus einem Kristallschädel entstammen, der weissagende Bilder projizierte? War der Kopf des Osiris gar ein Kristallschädel, der als geheimer weissagender Kopf die Herrscher in die Zukunft schauen ließ?

Zu unterschiedlichen Zeiten der ägyptischen Geschichte wurde das Grab des Osiris in Abydos umgebaut. Man fand dort Unmengen an Weihegeschenken aus der Zeit der 1. Dynastie. Man schätzt, dass über einen Zeitraum von 2000 Jahren hin der Tempel in Abydos mit Osiris verbunden war und somit auch mit der Geschichte seines weissagenden Kopfes. In der Fachwelt der Archäologen heißt es, die Hieroglyphen seien korrigierte, überlagerte Inschriften der Pharaonen Sethos I. und Ramses II.

Erich von Däniken hat sich mit den Abbildungen ebenso beschäftigt wie Michael Haase. Beide deuteten die Hieroglyphen als außergewöhnliche Zeichen, die moderne Gerätschaften wie einen Panzer oder einen Hubschrauber darstellen. Selbstverständlich fanden die Archäologen wieder einmal eine logische Erklärung, diese Hieroglyphen als Fälschungen bzw. Zufälle darzustellen. Das kommt uns doch irgendwie bekannt vor, oder? Aktuell können wir aber noch wichtige Bausteine hinzufügen, nämlich die Geschichte von Osiris und seinem Kopf selbst und die Historie der Kristallschädel. Logisch, dass wir hier nicht mit Kartierung weiterkommen. In der Schrift des Schülers Al Hazreds haben wir ja im vorherigen Kapitel schon einiges über die Pyramiden und den Erbauer König Saurid gehört. Saurid soll auch mit Dschehuti, dem Gott Thoth, übereinstimmen. Und da wird es spannend, denn auch Thoth taucht in der Geschichte von Osiris und Isis auf. Als Horus mit Seth kämpfte, um ihn zu Tode zu bringen, verlor Horus sein Auge. Thoth legte es Osiris auf das Herz und das Auge wurde geheilt. Er war der Schreiber und Wesir des Osiris. Also hatte er besondere Heilfähigkeiten. Al Hazred beschreibt in seinen Aufzeichnungen für seinen Schüler, dass Thoth, König Saurid, Hermes Trismegistos, Henoch, welcher ein und dieselbe Person ist, den Menschen Bilder, Visionen und auch Anweisungen überbrachte. Interessant ist auch, dass der Schüler Al Hazreds die Geschichte der alten Götter vor der ägyptischen Zeit beschreibt. Am Anfang sollen der Vater ABSU und die Mutter TIAMAT die Welt der Götter und Dämonen gezeugt haben. Im Laufe der Geschichte wird die Mutter TIAMAT getötet, ihr Kopf aber verschwindet. Erst wenn der Kopf wieder seine Bestimmung erfüllt, kommt die Welt in die Erkenntnis aus Licht zurück. Handelt es sich hierbei um die Urgeschichte, die sich im *Sohar* wiederfindet?

Sind die Schädel der Bundeslade oder des Heiligen Grals jene Schädel, die wir durch die gesamte 9680-jährige Geschichte immer wieder finden? Der Ursprung der Götter mit TIAMAT als große Mutter liegt vor der ersten Sintflut ungefähr im Jahr 7679 vor Christus. Die Geschichte Henochs muss mit der zweiten Sintflut zusammentreffen, da er der Erbauer der Pyramiden gewesen sein soll. Diese Zeitspanne entspricht der Angabe der Maya-Indianer, die behaupten, die Kristallschädel seien ungefähr 10 000 Jahre alt.

Welche Köpfe sind in der Lage, eine so lange Zeit –

mehrere tausend Jahre – ohne »Zerfallserscheinungen« zu überdauern? Vielleicht ein Stein, der nicht verwittern kann? Bergkristall? Wenn man über das Problem genauer nachdenkt, dann kann man sich eigentlich nur die Kristallschädel als Botschafter über so eine lange Zeit vorstellen, denn wie wir ja schon gelernt haben, sind sie aus einem Material geschaffen, das sich eignet, um erstens die Zeit so lange zu überdauern, und zweitens bieten sie die geeignete Speicherfläche, um Bilder zu produzieren und dann als Hologramme sichtbar zu machen, wenn man den richtigen Code der Entschlüsselung kennt.

Immer wieder treffen wir also auf die Geschichte mit den besonderen Köpfen, die weissagende und auch weltrettende Fähigkeiten besitzen.

Noch etwas anderes soll hier erwähnt werden, um die politische Situation der Zukunft zu verdeutlichen. Der Grundstreit zwischen den beiden Hauptreligionen des Nahen Ostens, dem Judentum und dem Islam, besteht darin, dass beide Gruppen sich nicht einigen können, wer zuerst da war. Die Geschichte Adams geht sowohl in der jüdischen Religion als auch im Islam auf deren Entstehungszeiten zurück. In beiden Fällen soll es Adam gewesen sein, der die Religion begründet hat. Nach islamischer Überlieferung soll Adam der erste Muslim gewesen sein, der die Pilgerstätte Mekka begründete. So steht heute die berühmte Pilgerstätte Mekka auf dem Platz, an dem angeblich Abraham einen Tempel errichtet haben soll, und der Schädel Adams soll dort gewesen sein, bis er nach Jerusalem zum Zentrum der Welt gebracht wurde. Dort soll sich die Erde in Form eines

Kreuzes aufgetan haben und der Schädel sei darin verschwunden. Nicht zufällig stoßen wir auch hier immer wieder auf die Legende um Adams Schädel, der ja, wie wir wissen, bei der Kreuzigung Jesu wieder aufgetaucht sein soll. Dieser Schädel könnte einer der 13 Kristallschädel sein, die wir in der Geschichte immer wieder versteckt finden. Und er könnte bezeugen, dass Juden, Christen und Moslems aus einer gemeinsamen Wurzel stammen, den Göttern jener Vorzeit, die auch die Indianer als die Kosmischen Ältesten anbeten.

Möglicherweise könnte dieser seit Langem anhaltende Streit beigelegt werden, wenn beide Kulturen auf die 10 000 Jahre alte Vorgeschichte blicken würden. Das wäre dann die Erfüllung der Maya-Prophezeiung, die besagt, dass die Kristallschädel die Menschen auch über ihren Ursprung unterrichten werden, und dass sie mit dem Bewusstwerden ihrer gemeinsamen Abstammung in einen tausendjährigen Frieden eingehen.

Teil 3

Historische Persönlichkeiten, die vermutlich Kristallschädel besessen haben

Der magische Papst und sein sprechender Kopf

Immer wieder findet man Hinweise und Spekulationen bezüglich der Verwendung von Kristallschädeln als geheimnisvolle Speicher wertvoller Daten, die auch in Zusammenhang mit Gelehrten und Propheten der Vergangenheit gesehen werden. Man findet im Internet und in anderen zeitgenössischen Quellen Theorien, die darstellen, dass Kristallschädel im verborgenen und streng geheimen Besitz von Sehern, Gelehrten oder Machthabern gewesen sein sollen. Einige Forscher wie Nick Noccerino glaubten fest an eine Art geheimes Wirken der Kristallschädel im nach außen hin abgeschirmten Umfeld einiger hochrangiger Politiker, Könige oder sogar Päpste. Es erscheint sehr wichtig, diese Zusammenhänge näher zu betrachten, um zu begreifen, dass es durchaus plausibel ist, dass die Existenz oder die Echtheit der Kristallschädel deshalb kontrovers diskutiert und angezweifelt werden, weil diese wundersamen Informationsspeicher vielleicht doch mehr enthalten, als man ihnen auf den ersten Blick ansehen kann. Sollte es also wirklich einen Hinweis darauf geben, dass Kristallschädel seit Langem im Besitz bedeutender Persönlichkeiten waren, dass sie tatsächlich geheime Formeln enthalten und sie wie eine Art Computer zum Abfragen wissenschaftlicher oder prophetischer Daten gedient haben, so würde dies auch erklären, warum die derzeitige Medienpolitik alles versucht, um die Kristallschädel als Fälschungen darzustellen. Nachfolgend betrachten wir zunächst einmal jene Gelehrten, Wissenschaftler und Seher, die meiner Meinung nach durchaus in direkte Verbindung mit Kristallschädeln gestellt werden können.

Silvester II., bürgerlicher Name Gerbert von Aurillac, auch Gerbert von Reims, wurde um 950 n. Chr. in Aquitanien geboren. Er verstarb am 12. Mai 1003 in Rom und wurde in Sankt Johann im Lateran beigesetzt. Er war der erste französische Papst in der Zeit vom 2. April 999 bis zu seinem Tod im Jahr 1003. Gerbert von Aurillac war unter anderem auch persönlicher Berater von Kaiser Otto III., der ihn 998 zum Erzbischhof von Ravenna und 999 zum ersten französischen Papst machte. Seine wissenschaftlichen Tätigkeiten waren besonders wertvoll für die damalige Zeit. Er zeichnete sich durch besondere rhetorische Künste aus. Mathematik und Astronomie waren die wissenschaftlichen Fächer, in denen er revolutionäre Erkenntnisse hervorbrachte. So verwendete er den Abakus (mechanisches Rechenhilfsmittel) und das Astrolabium (Messgerät zur Winkelbestimmung am Sternenhimmel). Nach den historischen Überlieferungen vonseiten Oswald Spenglers war er es, der um das Jahr 1000 die Konstruktion der Schlag- und Räderuhren erfunden hat. Etwa ab dem Jahre 1100 entstanden Geschichten, Silvester II. hätte sich mit Magie beschäftigt und sei mit dem Teufel im Bunde gewesen.

Silvester II. oder mit bürgerlichem Namen Gerbert von Aurillac zeichnete sich durch besondere Intelligenz und hohen Wissensdurst aus. Er studierte die arabischen Gelehrten und glaubte, dass die Araber die Schlüssel zu verborgenem Wissen in ihren Schriften aufgezeichnet hätten. Durch das Studium der arabischen Schriften entwickelte er unter anderem die Bücher *Ars subtilissima Arithmetica* und *Geometrie*.

Unter Anwendung des arabischen Wissens über Astronomie und Mathematik soll er einen Kopf aus Kupfer gegossen haben, der magische Kräfte besaß. Dieser war Berichten zufolge gar in der Lage, mit Ja oder Nein zu antworten. Es soll desweiteren eine Art zum Kopf führende Vorrichtung gegeben haben, über die Gerbert mittels eines Rechensystems aus zwei Zahlen eine Art Computer erschuf. Nun, es könnte aber durchaus auch möglich sein, dass jener Kopf nicht aus Kupfer bestand. Es könnte sich auch um einen alten Kristallschädel gehandelt haben, der nur an ein aus Kupfer bestehendes spezielles System angeschlossen wurde. Wenn man die physikalischen Eigenschaften der Kristallschädel bedenkt und weiß, dass sie elektromagnetische Fähigkeiten besitzen, so ist Kupfer genau das Material, welches sich eignet, um schwache elektronische Reaktionen des Kristallschädels zu messen. In den Abhandlungen von Aristoteles geht es immer wieder um bestimmte Winkel, die in der magnetischen Wirkung und in Bezug auf die Optik eine sehr große Rolle spielen. Gerbert befasste sich just mit diesen Schriften und entwickelte selbst ein Astrolabium zur Vermessung der Winkel des Sternenhimmels. In den nachfolgenden Kapiteln werden wir noch feststellen, dass die optischen Winkel in Bezug auf Projektion von Bildern durch oder in den Kristallschädeln eine sehr wichtige Rolle spielen. Auch die Kenntnisse über die magnetischen Anziehungen verschiedener Stoffe und Mineralien auf der Erde beschreiben Eigenschaften von Materialien, wie sie in der heutigen Quantenphysik extrem wichtig sind. In Bezug auf den sprechenden Kopf Gerberts stelle ich mir anhand meiner eigenen Erfahrung und Forschung mit Kristallschädeln vor, dass es durchaus denkbar ist, dass Gerbert eine Art Lügendetektor anfertigte. Kristallschädel produzieren ein schwaches elektromagnetisches Feld. Dies hat auch der Laborbericht von *Hewlett-Packard* ergeben, der bei der Untersuchung des Mitchell-Hedges-Kristallschädels dokumentierte, dass er Strom produziert, sobald er in einem Vakuum unter Druck genommen wird. Sollte Gerberts sprechender Kopf ein Kristallschädel gewesen sein, dann kann ich mir weiterhin vorstellen, dass Gerbert eine Art elektromagnetischen Leiter aus Kupfer baute und anhand der elektromagnetischen Reaktion – vielleicht über eine Art Batterie (unter Einsatz von Zitronensäure zum Beispiel) eine Mechanik betrieb, die reagierte, sobald der Kopf seine Kräfte aktivierte. Da Gerbert die Befragungen im Einklang mit den astronomischen Sternstellungen betrieb, halte ich es für gut möglich, dass das Ganze funktioniert hat.

Vielleicht hat Gerbert den Kristallschädel sogar in den Sammlungen seiner eigenen Schatzkammer entdeckt. Vielleicht hat ihn ein Sammler dorthin gebracht. Gerbert war der Kristallschädel vielleicht durch seine Schönheit aufgefallen – woraufhin er ihn zu erforschen suchte.

Doch wer könnte den Kristallschädel in die Sammlung der Kirche eingefügt haben? Und gibt es Hinweise darauf, dass ein solcher Kopf entgegen den Aussagen, die Kristallschädel seien moderne Fälschungen, doch in den Schatzkammern der Könige und Päpste existierte? In jedem Fall waren die Künste des Papstes den meisten in seinem Umfeld tätigen Menschen sehr unheimlich. Man bezichtigte ihn der schwarzen Magie und es ranken sich viele Fabeln und Geschichten um sein Leben und auch um seinen Leib nach dessen Beerdigung. Seine Künste haben über die Jahrhunderte hinweg Eindruck hinterlassen. Alles in allem stellte sich mir die Frage, ob es Beweise dafür geben könnte, dass es sich bei dem sprechenden Kopf von Gerbert doch um einen Kristallschädel handeln könnte. Ich wollte wissen, ob man irgendwelche Beweise für seine Existenz finden würde, wenn man sich etwa in Rom etwas genauer umschauen würde. Zudem wollte ich in Erfahrung bringen, woher Gerbert den Schädel gehabt haben konnte.

Ich begab mich also auf die Suche.

Die Geheimnisse Roms

Der Lateran und die geheimnisvollen unterirdischen Gänge

Der Lateran bezeichnet einen Bereich in Rom, der seit der Zeit Konstantins I. (er war von 306 bis 337 römischer Kaiser) der offizielle Sitz der Päpste war. Zum Lateran gehören verschiedene Gebäude, unter anderem die Patriarchalbasilika San Giovanni in Laterano und der größte Obelisk Roms.

Die Lateransbasilika ist die Kathedrale des Bistums Rom und eine der sieben römischen Pilgerkirchen. Kaiser Konstantin I. ließ sie als erste staatlich genehmigte christliche Kirche erbauen. Wir erinnern uns, dass es sich bei Konstantin I. um jenen Kaiser handelte, dessen Mutter die Heilige St. Helena war, die die Reliquien in Jerusalem gesucht und dann nach Rom gebracht hatte. Über Jahrhunderte stand die durch Erdbeben und Feuer mehrfach zerstörte Kirche im Mittelpunkt historischer Ereignisse. Bis ins 19. Jahrhundert wurden hier Päpste gekrönt. Lange stand der Lateran im Wettstreit mit dem Petersdom, der dann schließlich später neuer Sitz der Päpste mit dem angeschlossenen Vatikan wurde. Das Besondere an der Kirche ist, dass sie einige wertvolle Reliquien enthält. In der späteren Folge wurden wichtige Reliquien von dort in die Vatikanmuseen gebracht. Noch immer sind im Lateran die Apostelköpfe zu finden. Im Innenraum der Lateransbasilika kann man noch die Reliquienköpfe von den Heiligen Aposteln Petrus und Paulus aufbewahrt finden. Auffallend ist auch, dass schon am Eingang der Basilika zu lesen ist:

SACROS LATERAN ECCLES
OMNIUM URBIS ET ORBIS
ECCLESIARUM MATER
ET CAPUT

Heilige Lateranskirche
Haupt und Mutter aller Kirchen
hier und um den ganzen Erdkreis

Abb. 18: Inschrift am Eingang der Lateranskirche

Sofort ist mir die Anordnung der Wörter aufgefallen, die mit »et Caput« in der letzten Zeile enden.
CAPUT bedeutet »Haupt oder Kopf«.

Sollte dies ein versteckter Hinweis auf einen besonderen Kopf sein, der in der Kirche aufbewahrt wurde? Merkwürdig ist schon, dass von den vielen Papstgräbern, die einst in der Kirche vorhanden waren, etliche spurlos verschwunden sind. Weitere Hinweise konnte man in der Kirche nicht finden, denn sie war ja etliche Male renoviert und umgebaut worden. Erwiesen ist, dass in den zum Lateran zugehörigen Kapellen immer noch die Köpfe der Apostel aufbewahrt werden. In der Lateranskirche selbst befindet sich unter den ausgestellten Köpfen der Apostel Petrus und Paulus eine Treppe, die früher in einen Raum unter der Kirche geführt hat. Dieser

Zugang wurde durch Papst Martin V. verschlossen, der mit seinem Grab oder Confessio (Heiligengrab unter dem Altar) den Eingang schützt. Es muss aber noch einen anderen verborgenen Zugang geben, denn überall in der Kirche kann man auf dem Mosaikboden mit verzierten Bronzegittern verschlossene Luftschächte finden. Wir haben unauffällig mit einem Feuerzeug getestet und konnten einen deutlichen Luftzug spüren. Anhand der Bodenschächte schätze ich, dass es einen großen Raum unter dem Kirchenboden geben muss.

In einem Prospekt der Lateranskirche fand ich diese Vermutung bestätigt. Der gesamte Kirchenraum unter dem heutigen Mosaikboden war mit Gängen und Räumen versehen, in denen früher die Reliquien und das Grab des Heiligen Petrus ausgestellt waren. Die Gläubigen konnten über einen Gang an einem Teil der Reliquien vorbeigehen. Man sagt, es sei dort zu wundersamen Heilungen gekommen. Da sich im Lateran auch das Mausoleum der Heiligen St. Helena befand, lässt dies den für uns wichtigen Rückschluss zu, dass sich durchaus in diesem Bereich die wichtigsten Reliquien befanden, die sie aus Jerusalem mitgebracht hatte. Schenkt man den Angaben Glauben, so hat sie vermutlich Gegenstände von dort mitgebracht, die möglicherweise in Zusammenhang mit Jesus gebracht werden können. Wenn die Bundeslade aus Kristallschädeln bestand, so wie wir es ja schon anhand der Beschreibungen des *Sohars* angenommen haben, dann hat sie sicherlich auch die Möglichkeit gehabt, einen oder mehrere davon zu finden und nach Rom zu bringen. Diese Gedanken im Kopf, machte ich mich auf die Suche nach einem Hinweis auf einen

Kristallschädel, den sie vielleicht in einer anderen, nicht so häufig zerstörten Kirche hinterlassen haben mochte. Und in der Tat ließ sie eine Kirche unweit des Laterans errichten, in der die Reliquien vorerst ausgestellt wurden. Es ist die Kirche St. Croce de Gerusalemme. Sie liegt weniger als einen Kilometer östlich vom Lateran an der Aurelianischen Mauer. Sie entstand aus dem im 3. Jahrhundert errichteten Palast Sessoriana. Ein 36,5 Meter langer und 21,8 Meter breiter Saal dieses Palastes wurde um 330 n. Chr. in eine Kirche umgebaut. Laut dem *Liber Pontificalis* (päpstliches Buch) war der Palast im Besitz der Kaiserin Helena. Drei Inschriften, die in der Nähe der Basilica St. Croce de Gerusalemme entdeckt wurden, belegen, dass sie ihn bewohnte. Zum Beispiel erinnert die eine Inschrift an den Wiederaufbau der durch ein Feuer zerstörten öffentlichen Bäder nahe dem Palast, welche vor dem Jahr 325 *Thermae Helenae* genannt wurden. Bei späteren Umbaumaßnahmen durch Papst Lucius II. wurde in der Kirche zum Beispiel das eingemauerte Stück des Kreuzes Jesu gefunden, welches heute als Reliquie verehrt wird. Der Umbau des Palastsaales zur Kirche wurde vorgenommen, um eine Reihe von christlichen Reliquien aus dem Umfeld der Kreuzigung Jesu unterzubringen. Dazu gehören kleinste Teile aus dem Kreuz Jesu (das große Stück wurde 1629 in den Vatikan gebracht), ein Querbalken eines der Schächerkreuze, zwei Dornen der Dornenkrone, ein Nagel vom Kreuz Christi und die Hälfte des Kreuzestitulus (Aufschrift auf Jesu Kreuz). Helena hat darüber hinaus Erde aus Jerusalem auf einem Teil eines Kapellenbodens ausgebreitet. Der heilige Boden sollte die Kirche mit dem heiligen Ort Jerusalem verbinden. Als wir die Kirche besichtigten, waren mir auch deutliche Hinweise auf Schädel aufgefallen, die sich in der Krypta der Kirche befinden. Überall an den Fresken der Decke und auch verteilt an den umliegenden Grabmalen, die an den Seiten in die Wände angebracht sind, findet man Schädel. An einem Fenster, durch das ein fast kreisrunder Lichtkegel in die Krypta fällt, sind sogar zwei Totenköpfe mit Engelsflügeln angebracht. In keiner anderen wichtigen Kirche war mir Derartiges begegnet. Auch die Tatsache, dass immer noch Schädelreliquien in der Lateranskirche ausgestellt werden, zeigt, wie wichtig die Kopfreliquien der Katholischen Kirche gewesen sind. Wenn man den keltischen historischen Hintergrund einmal weglässt, dann muss man sich fragen, wie gerade die Römer auf diesen Kopfkult gekommen sind. Nach einer Antwort auf diese Frage muss man nicht lange suchen. Im Castel St. Angelo machte ich eine ziemlich überraschende Entdeckung. Zumindest ist es ein wichtiger Baustein, dass wir wissen, dass Konstantins Mutter Helena durchaus in der Lage war, geheime Gegenstände vom Tempelberg in Jerusalem mitzubringen. Sie sammelte fleißig und brachte alle nach Rom. Wir wissen schon von den Templern, dass sie geheime Schätze unter dem Tempelberg vermuteten. Man sagt ihnen ja bis heute nach, sie hätten dort Teile des Heiligen Grals gefunden und abtransportiert. In einer Erzählung über den Schädel Adams finden wir eine Information, die mir auch in Zusammenhang mit den Kristallschädeln zu stehen scheint: Der Schädel Adams, so heißt es, sei von Abraham zum Zentrum der Erde, nämlich nach Jerusalem gebracht worden. Abraham habe ihn dort vergraben und er sei bei der Kreuzigung Jesu wieder aufgetaucht. Auch die Kreuzigung Jesu fand auf der Schädelstätte, Golgota, statt. Wenn nun aber die Heiligtümer der Bundeslade wie im *Sohar* beschrieben aus Schädeln bestanden, so könnte es sein, dass es sich bei den namengebenden Schädeln der Schädelstätte nicht um Menschenschädel, sondern um Kristallschädel handelte. Dass man die Schädel niemals wirklich beschrieb, lag daran, dass man sie für göttlich hielt. Da man sich aber kein Bildnis machen sollte von Gott, blieb das wahre Aussehen der Schädel ein geheimes Wissen derer, die die Kristallschädel als Teil der Bundeslade im Tempelberg verborgen hatten. Hatte nun Helena direkt im Tempelberg einen Teil der Schädel entdeckt, so hat sie ihren Fund mit Sicherheit nach Rom gebracht. Die heiligen Apostelköpfe im Lateran können also auch Kristallschädel sein, denn seit Langem hat niemand die Reliquien gesehen und es ist auch umstritten, ob sie sich dort wirklich noch befinden. Es könnte sein, dass die wertvollen Kristallschädel in der Schatzkammer der Päpste verschwanden. Also wollte ich herausfinden, ob ich in der Nähe einer solchen Schatzkammer vielleicht einen Hinweis auf so etwas Beeindruckendes wie weissagende Kristallschädel finden würde. Im Castel St. Angelo, der Festung und Schatzkammer der früheren Päpste, wollte ich nach solchen Hinweisen suchen.

Castel St. Angelo, die Schatzkammer und die dreigesichtige Gottheit

Castel St. Angelo (die Engelsburg) wurde auf dem ursprünglichen Mausoleum von Kaiser Hadrian errichtet. Das Mausoleum wurde für den Kaiser selbst und für seine Familie gebaut. Das zylindrische Mausoleum mit Gartenanlagen wurde in den Jahren 135 bis 139 n. Chr. am rechten Ufer des Tibers angelegt. Unter den späteren Päpsten gab es einige, die das Mausoleum Hadrians zur Burg und Festung umbauten. Die Engelsburg wurde so zu einer militärischen Einrichtung, die über eine Brücke mit dem Petersdom verbunden ist. Durch unterirdische Gänge und über eine Mauer, die die Engelsburg direkt mit dem Petersdom verbindet, konnten sowohl der Papst als auch die Schätze der Katholischen Kirche in Sicherheit gebracht werden. Innerhalb der Festung führt ein spiralförmiger Aufgang durch die Anlage ins Zentrum. Nach Überwindung etlicher Wachstationen kann man nur über eine Holztreppe in das Innere der Engelsburg gelangen. Hier sind verschiedene Säle pompös im Stile Michelangelos ausgeschmückt. Vor allem die Künstler Perin del Vaga und Pellegrino Tibaldi haben in dem Sala Paolina ein beeindruckendes antikes Szenario geschaffen. Zu Ehren von Kaiser Hadrian findet man hier fantastische Freskos, die in üppiger Farbenpracht den Vorraum ausschmücken. Dieser ist durch eine Geheimtür und einen bemalten Aufgang mit dem Vorraum der Schatzkammer verbunden. Die Wand mit den beiden Geheimtüren ist ein optisches Meisterwerk. Optische Täuschungen verbergen den Zugang zur Schatzkammer,

Abb. 19: Sala Paolina in Castel St. Angelo

in der heute noch riesige Truhen ausgestellt sind, in denen früher die Schätze der Päpste aufbewahrt wurden. Ein riesiges Fresko, das den Erzengel Michael darstellt, ist kunstvoll an der Wand mit den Geheimtüren angebracht. Neben Erzengel Michael sind jeweils zur rechten und zur linken Seite direkt über den beiden Geheimtüren sitzend zwei antike Frauen dargestellt. Sie halten besondere Gegenstände in der Hand – unter anderem mehrere Bücher, ein Kreuz und einen dreigesichtigen Kopf aus Gold, mit einem Dreieck darüber.

Als ich den Kopf sah, stockte mir fast der Atem. Ich hatte nicht erwartet, ungefähr vier Meter von der ehemaligen Schatzkammer der Päpste entfernt eine drei-

Abb. 20: Dreigesichtige Gottheit über der Tür zur Schatzkammer

gesichtige Gottheit zu finden.

Der Ursprung der antiken Geschichte der dreigesichtigen Gottheiten verblüffte mich noch mehr. Ich wusste, dass dies alles kann kein Zufall sein konnte. Das Bild war um 1545 entstanden. Das Bild der dreigesichtigen Gottheit, die einen Kopf darstellt, der drei Gesichter hat, stammt aus verschiedenen religiösen Kulturen. Ein Gesicht blickt nach links, eines geradeaus und eines nach rechts. Willibald Kirfel schreibt in seinem Werk *Die dreiköpfige Gottheit*, dass sich das Motiv des dreiköpfigen Kultbildes aus Vorstellungen der indischen Kultur in einer vorarchaischen Zeit (3000–2000 Jahre vor Christus) entwickelt hat. In seinen Forschungen weist der Autor immer wieder auf den Zusammenhang der indischen Kultur mit der des Mittelmeerraumes hin. Der Autor erklärt, dass sich der Alte Orient vom Tal des Ganges bis zum Mittelmeer erstreckte und sich hier kulturelle Überschneidungen ergaben. Dies erklärt, dass die dreiköpfige Gottheit nicht nur im Hinduismus, im Buddhismus und im Iran verbreitete Symbolgestalt wurde, sondern auch im Mittelmeerraum immer wieder aufgetaucht ist. Selbst im antiken Gallien, d. h. im gallokeltischen Bereich finden sich zahlreiche dreiköpfige

Gestalten und Figuren, die laut Kirfel keinen keltischen Ursprung haben. Er belegt, dass die Figur der dreigesichtigen Gottheit aus einer Zeit um 3000 bis 2000 Jahre vor Christus über Indien in den Mittelmeerraum und dann zu den Kelten gekommen sein muss. Der dreigesichtige Kopf ist in seiner Bedeutung ein Sinnbild der drei Aspekte von Gegenwart, Vergangenheit und Zukunft. Er ist auch ein Symbol der Klugheit und des Wissens. Er vereinigt in sich das Erinnerungsvermögen Memoria, die Vernunft Intelligentia und die Voraussicht Providentia. Er ist damit ein klassisches Symbol für Fähigkeiten, die etwas mit der Zukunft, der Gegenwart und der Vergangenheit zu tun haben – ein Kopf, der die Zeiten, das Wissen und die Voraussicht in sich vereint. Also möglicherweise ein weissagender Schädel. Das Ganze lässt auch den Rückschluss zu, dass die weissagenden Köpfe dieses Götterkultes der Ursprung für den darauf folgenden Kopfkult der Kelten und anderer Kulturkreise waren.

Als ich das Bild des dreigesichtigen Kopfes im Castel St. Angelo sah, wusste ich, dass ich möglicherweise auf den Beweis für die Existenz von Kristallschädeln in der päpstlichen Schatzkammer gestoßen war. Doch was hatte Erzengel Michael damit zu tun, der ja ganz deutlich abgebildet war, und der hier in der Nähe des sehenden Kopfes ein deutliches Zeichen sein sollte? Mir fielen dazu die Teraphime ein, welche im 1. Buch Moses und im Buch Richter erwähnt werden. Martin Luther übersetzt die Teraphime als Götzenbilder oder Hausgötzen. Teraphime werden in verschiedenen Berichten des Alten Testaments erwähnt, zum Beispiel im 1. Buch Mose 31, 19.

Hier steht, dass die Teraphime durch Rahel gestohlen wurden. Später im 1. Buch Mose 35, 2 bestimmte Jakob, dass die Teraphim zu zerstören seien. Nach dem Buch Richter 17, 5 war es Micha, der die Teraphime im Gebirge Ephraim anfertigte. Ist die Abbildung von Erzengel Michael in der Sala Paolina ein Hinweis auf diesen Micha, der Teraphime herstellte? In anderen schriftlichen Erwähnungen sind Teraphime auch zur Weissagung benutzt worden – es sollen präparierte Köpfe gewesen sein (Habiger-Tuczay, 190). Ich kann mir durchaus vorstellen, dass es sich hierbei um Kristallschädel handelte und nicht um präparierte Menschenköpfe. Dies könnte ein Hinweis darauf sein, dass es etwas Besonderes in der Schatzkammer der Päpste gab, was in verschlüsselter Bildersprache an den Wänden der Sala Paolina prunkvoll dargestellt wurde. Interessant ist auch, dass man immerhin direkt hinter der bemalten Geheimtür in der Wand in die Schatzkammer gelangte. Die dort ausgestellten riesigen Truhen sind heute leer. Der reiche Inhalt der riesigen Schatzkammer befindet sich jetzt im Vatikan. Nur ein kleiner Teil ist in dem tresorartigen Museum im Petersdom zu bewundern. Hinter den Mauern der Vatikansstadt befinden sich die größten und wichtigsten Sammlungen an Schriften, Texten und Gegenständen, die so manches Geheimnis bergen. Gerne würde ich dort Mäuschen sein und in den alten Büchern nach Hinweisen auf Kristallschädel suchen.

Das Geheimnis der Tarotkarten

Durch das Gemälde in der Sala Paolina und den möglichen Zusammenhang mit den Teraphimen war ich neugierig geworden. Eine besondere Begriffserklärung für Teraphim leitet sich aus dem Hebräischen ab. Nach dem Magier und Kabbalisten Gaffard, der ein Bediensteter von Kardinal Richelieu gewesen war, sollen die Teraphim nach dem hebräischen Sprachgebrauch ein Synonym für Tarock sein. Dies ist der hebräische Begriff für das weissagende Tarotkartenspiel. Könnte es sein, dass die Tarotkarten schlichtweg eingefrorene Bilder sind, die man in früheren Zeiten (Micha, der die Teraphime herstellte) gesehen hatte? Wenn Kristallschädel so funktionieren, wie Carol Wilson es mir erklärte, dann zeigen sie dem Betrachter Bildfolgen. Die Bildfolge kann hintereinander immer wieder die gleiche sein. Das Bild kann so lange immer wieder erscheinen, bis man die Botschaft des Schädels verstanden hat. Der Hinweis auf präparierte Menschenköpfe ist eigentlich schon ziemlich eindeutig auf Kristallschädel zu beziehen. Die Bilder des Tarots zeigen aber keine Menschenköpfe, sondern sie zeigen Figuren, die es wahren Magiern ermöglichen, damit die Zukunft zu deuten. Wer sich mit Kristallschädeln beschäftigt, der weiß, dass ein Schädel es lieben würde, Bilder zu zeigen, die energetisch dazu in der Lage sind, den Menschen Hilfe und Wahrheit zu vermitteln. Es ist ja die Aufgabe des Kristallschädels, das zu tun. Und dazu würde es einem Kristallschädelwesen sehr gut gefallen, dass die Menschen auf diese Weise über Jahrhunderte hinweg, vielleicht sogar über Jahrtausende mit dem

Archiv des Wissens der Kristallschädel verbunden waren, ohne dass die Menschen es bemerkt hätten. Das ist auch eine Erklärung dafür, warum das Kartenlegen und -deuten gelingt. Kristallschädel sind mit der Chronik der Erde verbunden und sie enthalten alle Spuren der Zeit als Dateninformationen. Mit den Karten kann man sich wohl ihres elektromagnetischen Feldes bedienen, ohne dass man den Kristallschädeln selbst je begegnet ist. Ein talentierter Kartenleger kann sich mithilfe der Karten durchaus mit der Chronik des Archivs, welches in den Kristallschädeln gespeichert ist, verbinden. Gibt es Hinweise darauf, dass einige Personen der Geschichte wussten, dass das geheime Wissen um die Chronik der Weltgeschichte mit den Kristallschädeln in Verbindung stand? Ich glaube, es wussten mehr Menschen davon, als wir uns vorstellen können. Das werde ich in dem Kapitel »Präsidenten, Herrscher und Kristallschädel« noch näher erläutern.

In Bezug auf das Tarotkartenspiel sei hier noch Folgendes erzählt: In einer Beschreibung des Freimaurers Ernst Kurtzahn aus dem Jahre 1925, die das Tarot behandelt, übersetzt dieser die hebräischen Begriffe des Tarots ins Deutsche. Auffallend und sehr merkwürdig findet jeder, der sich einmal eingehend mit dem Tarotkartenspiel beschäftigt hat, die Übersetzung Kurtzahns der Großen Arkanen. Hier vertauscht er einfach die Übersetzung der 5. Großen Arkane wie folgt:

5. Arkane Hohepriester (ursprüngliche und heute verwendete Bezeichnung)

5. Arkane Papst (die von Kurtzahn verwendete Bezeichnung)

Jeder muss sich hier fragen, was der Papst im Austausch gegen den Hohepriester im Tarotkartenspiel zu suchen hat. Der Hohepriester steht im Tarot für das göttliche Wissen und die Kraft des Eingeweihten. Wurde hier im Tarotkartensatz bewusst der Hohepriester mit dem Papst vertauscht, weil das Wissen um die weissagenden Köpfe in den Händen der Päpste ruht, da sie Kristallschädel besitzen?

Geheime Organisationen gab es in der Geschichte, so lange wir denken können. Da ist es nicht verwunderlich, dass ein Gegenstand mit den Fähigkeiten eines Kristallschädels schlichtweg das größte vorstellbare Ding war, das man mit dem Stein der Weisen vergleichen konnte. Selbst der Begriff »Stein der Weisen« erinnert an eine Person. Es könnte durchaus die versteckte Beschreibung eines Kristallschädels sein, und das könnte auch der Grund sein, warum wir als normale sterbliche einfache Bürger niemals davon erfahren haben. Erst durch die Prophezeiung der Mayas und den ersten Fund eines Kristallschädels durch eine Privatperson wie F. A. Mitchell-Hedges konnten wir von der Existenz solcher Objekte Informationen erlangen. Und F. A. Mitchell-Hegdes hatte viele Kontakte zu großen Politikern seiner Zeit. Nur aufgrund seines Fundes und der Tatsache, dass der Mitchell-Hedges-Kristallschädel nicht als Fundstück im Vatikan landete, ist davon auszugehen, dass wir von Kristallschädeln und ihren Fähigkeiten überhaupt Nachricht erhielten. F. A. Mitchell-Hedges suchte nach Atlantis. Ist es möglich, dass wir auch im Vatikan einen Hinweis auf Atlantis finden, wenn wir mit offenen Augen danach suchen?

Der Vatikanische Garten und die Muschel aus Atlantis

Bleiben wir bei den Untersuchungen in Rom und resümieren wir noch einmal, dass die dreigesichtige Gottheit, die in der Sala Paolina abgebildet ist, die Gestalt ist, die schon 3000–2000 v. Chr. ihren Ursprung findet. Könnte dies ein Hinweis darauf sein, dass die Legende der weissagenden Köpfe aus einer anderen Kultur stammt, die etwas Besonderes wie Kristallschädel schaffen konnte? Wenn die Legende um die dreigesichtige Gottheit aus einer Zeit weit vor 3000 v. Chr. stammt, dann kann es durchaus sein, dass die Geschichte in die Zeit des sagenhaften Atlantis passt, nach dem auch der Forscher und Abenteurer F. A. Mitchell-Hedges suchte. Ich fühlte, dass ich den Beweis für einen möglichen Zusammenhang mit Atlantis in Rom finden würde, wenn ich nur offen dafür war. Wenn die Kristallschädel schon seit langer Zeit der »Stein der Weisen« sind und wenn die Kirche davon gewusst hat, dann muss sie mit dem Erforschen der Kristallschädel auch Hinweise auf Atlantis gehabt haben. Ich erinnerte mich daran, dass ich von der Kuppel des Petersdoms eine Aufnahme des Vatikanischen Gartens gemacht hatte. Mir war dabei aufgefallen, dass sich ein ungewöhnlicher muschelförmiger Stein im Vatikanischen Garten befindet, der mir sehr merkwürdig vorkam. Er befand sich neben dem Vatikanischen Wappen, das kunstvoll aus Blumen gepflanzt war, und ich verstand ihn als Hinweis, den ich mir jedoch zunächst nicht erklären konnte. Dieser weiße Stein sieht aus wie eine überdimensional große Muschel. Er ist kniehoch mit Wasser gefüllt. Es handelt sich aber nicht um einen Brunnen, denn dem merkwürdigen Gebilde fehlt eine Fontäne. Ich suchte in der einschlägigen Literatur nach Hinweisen, die einen solchen Brunnen beschreiben würden. Ich fand schließlich die Spur, die mich letztendlich zu dem möglichen Atlantis führen sollte. Bei meinen Recherchen stieß ich auf den mythischen Regenten des Mittelalters, den Priesterkönig Johannes. Er besaß angeblich ein großes und mächtiges

Abb. 21: Der muschelförmige Stein im Vatikanischen Garten

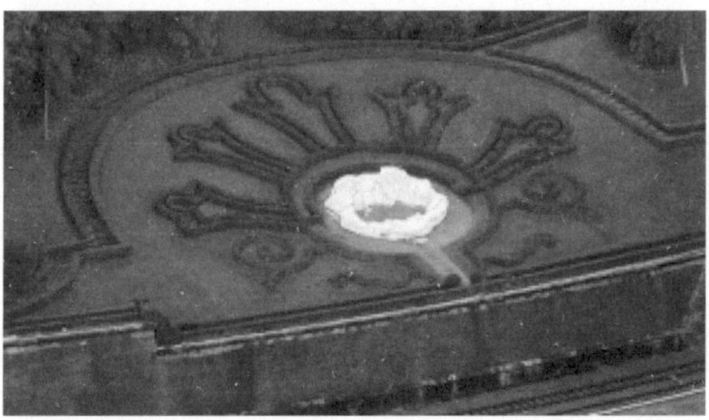

Abb. 22: Muschelförmiger Stein – Ansicht von der Kuppel des Petersdom

christliches Reich, welches er im östlichen Asien beherrscht haben soll.

Unter Papst Eugen III. fiel die Stadt Edessa an die Muslime. Durch einen Kreuzzug sollte sie zurückerobert werden. Im Jahre 1144 erstattete der Bischof Hugo von Jabala, welcher ein Syrer war, dem Papst Bericht über einen mächtigen König namens Johannes. Johannes sei ein Nachfahre der Weisen aus dem Morgenland. In der Weltchronik *Chronica sive Historia de duabus civitatibus* (lat. *Geschichte der beiden Reiche*) beschrieb Bischof Otto Freising detailiert diese Episode. 1165 tauchte dann ein angeblicher Brief von Priesterkönig Johannes an Manuel I. Komnenos (1143–1180 Kaiser von Byzanz, dem späteren Konstantinopel) auf.

Papst Alexander III. stritt die Echtheit des Briefes in einer entsprechenden Erklärung ab. Er sah sich dazu gezwungen, da er um seine Machtposition fürchtete. Er deklarierte den Brief also als Fälschung, obwohl er sich eigentlich eine Unterstützung des Priesterkönigs im Befreiungskampf Jerusalems gegen die Muslime erhoffte.

Für uns ist der Text des Briefes von Johannes an den Kaiser von Byzanz sehr wichtig. Er enthält genaue Beschreibungen, die uns sehr an Darstellungen von Atlantis erinnern. Wenn wir den Brief im Original anschauen, finden wir darin eine exakte Beschreibung des muschelförmigen Steins, den ich im Vatikanischen Garten gesehen habe. Im Laufe der Geschichte haben etliche Päpste Suchtrupps ausgesendet, um das sagenhafte Land und den Priesterkönig Johannes, der dort lebte, zu finden. Später haben sie die Existenz des Königpriesters abgestritten. Warum um alles in der Welt haben sie aber im

Vatikanischen Garten ein genaues Abbild des muschelförmigen Steins platziert, der in dem Brief des Johannes als wundertätiger Brunnen beschrieben ist? Diesem Brunnen werden sogar heilende Kräfte zugeschrieben. Sollte dies ein Hinweis oder eine wortlose Bestätigung der Geschichte über das mysteriöse Land sein, in dem der Priesterkönig Johannes lebte? Selbst Marco Polo war einer derjenigen, der den Priesterkönig und sein Land suchte, es aber niemals fand. Etliche andere Abgesandte sind von ihrer Suche nie zurückgekehrt. Die Beschreibungen in dem Brief des Priesterkönigs Johannes über das Land, in dem er lebte, ähneln sehr denen über Atlantis. Da nach den örtlichen Angaben in dem Brief darauf geschlossen werden kann, dass es sich um ein Land in der Nähe Indiens handelte, kann weitergedacht werden, dass der Kult mit den dreigesichtigen Gottheiten aus dem Indien derselben Zeit stammt. Wenn ein Land existierte, das Atlantis ähnelte und es Beschreibungen gab, die auf einen Einflussbereich von vor 3000 bis 2000 Jahren vor Christus zurückführen, so kann es hier tatsächlich einen Zusammenhang geben. Die Suchenden konnten das Land natürlich nicht finden, denn es existierte tausende Jahre vor der mittelalterlichen Zeitrechnung. Die Vermischung oder Entstehung des Mythos des Priesterkönigs Johannes könnte eine Erfindung oder Niederschrift sein, die von einem Land berichtet, welches genau wie die dreigesichtige Gottheit aus einer Zeit weit vor Christus stammt. Wenn dieses Land, das dort beschrieben wird, möglicherweise Atlantis gewesen ist, dann würde dies dafür sprechen, dass jemand in die Vergangenheit geblickt hat – vielleicht über einen weissagenden Schädel. Hatten die Päpste von dem sagenhaften Land erfahren, als sie in die Kristallschädel und somit in die Vergangenheit blickten? Ein unbekannter Schreiber dokumentierte vielleicht nur das, was er in den Kristallschädeln sah und stellte dies dem Papst in Form eines Briefes vor. Gleichzeitig machte er den König, den er gesehen hatte, zu einem guten Christen, um die Herkunft seiner Kenntnisse zu verschleiern oder das neu entdeckte Land in jedem Fall als christliches Land darzustellen und sich die Reichtümer zu sichern, die man zukünftig darin finden würde. Auch dass die Päpste wirklich nach dem Land suchen ließen, von dem so ausführlich berichtet wurde, dokumentiert, dass es sich um einen Blick in einen weissagenden Schädel handeln könnte. Sie konnten nicht wissen, ob sie im Kristallschädel in die Zukunft, die Gegenwart oder in die Vergangenheit blickten. Diese Tatsache könnte auch erklären, warum der Brief als Fälschung abgetan wird. Doch wenn der Brief eine Fälschung ist, warum befindet sich dann der muschelförmige Stein im Vatikanischen Garten? Warum ist er zu einem so wichtigen Symbol geworden, dass er neben dem Vatikanischen Wappen in überdimensionaler Größe eine Verewigung im Blumengarten des Vatikans erfährt? Wenn man die Geschichte des muschelförmigen Steins nicht kennt, übersieht man förmlich die grandiose Bedeutung der unabsichtlich wirkenden Dekoration des päpstlichen Gartens. Für mich ist diese eine Bestätigung dafür, dass die Gelehrten der Kirche sehr wohl Beweise haben können, dass es Atlantis wirklich gegeben hat. Und somit wirkt die Geschichte der Kristallschädel plötzlich genauso plausibel wie die

Tatsache, dass wir eben nicht alle Geheimnisse erfahren, die in den wohl gehüteten Schatzkammern der Päpste ruhen.

Zur Information für den Leser hier die interessantesten Auszüge des Briefes des Priesterkönigs an den Kaiser Manuel. Die Beschreibungen im Text ähneln, wie schon gesagt, sehr den Beschreibungen des sagenhaften Atlantis. Sollten die Kristallschädel aus jenem Land stammen, das der Verfasser dieses Briefes beschrieben hat? Möglicherweise ist der Brief tatsächlich keine Fälschung, sondern ein Beweis dafür, dass es Gelehrte gab, die mit der Hilfe von Kristallschädeln andere Länder aus anderen Tagen sehen konnten.

»Dort gibt es auch Edelsteine, die ›midriosi‹ genannt werden, die oft zu unseren Ländern von Adlern gebracht werden, durch die sie wieder jung werden und das Augenlicht wiedererlangen.

Wenn jemand einen von ihnen am Finger trägt, wird sein Augenlicht nicht geschwächt, und wenn es bereits geschwächt ist, wird es wiederhergestellt, und, wenn man mehr hineinsieht, dann wird es schärfer. Wenn einer mit dem vorgesehenen Spruch geweiht ist, macht es den Menschen unsichtbar, verjagt den Hass, schafft Eintracht, vertreibt den Neid.«

[…]

»… Drei Tagesreisen entfernt von diesem Meer liegen Berge, von denen ein Fluss von Edelsteinen herabfließt in derselben Weise ohne Wasser, und er fließt durch Unser Land bis zum sandigen Meer …«

»… Es ist nämlich zwischen dem sandigen Meer und den genannten Bergen in der Ebene ein Stein von wun-

derbarer Wirkung, der die Kraft fast unglaublicher Medizin in sich trägt. Er befreit die Christen und solche, die es werden wollen, völlig von jeder Krankheit auf diese Weise:

Es ist ein bestimmter hohler Stein wie eine unzerbrechliche Muschel geformt, in dem immer das Wasser vier Finger hoch steht, und der immer bewacht wird von zwei Greisen, Männern von ehrwürdiger Heiligkeit.

Jene fragen zuerst die Ankommenden, ob sie Christen sind oder werden wollen, ob sie Heilung aus ganzem Herzen wünschen. Wenn sie das erklärt haben, legen sie ihre Kleider ab und betreten die Muschel. Und wenn sie die Wahrheit gesagt haben, beginnt das Wasser zu steigen und steigt so hoch, bis es sie ganz bedeckt, bis es über ihr Haupt gestiegen ist. Das geschieht drei Mal.

Dann fällt es allmählich und kehrt wieder zu seiner gewöhnlichen Höhe zurück. Und jeder, der sie betrat, verlässt die Muschel vom Wasser geheilt, von Lepra oder jeder anderen Krankheit …«

»… Auf der Spitze der obersten Säule befindet sich der Spiegel, der solche geweihte Eigenart hat, dass alle Anstiftungen und alles, was für uns und gegen uns in anliegenden und uns unterworfenen Provinzen geschieht, von den Hineinschauenden deutlich gesehen und erkannt werden kann …«

Auszug aus *Der Brief des Presbyter Johannes*
(Übersetzung von Ulrich Knefelkamp)

Abb. 23: Das vatikanische Wappen im Vatikanischen Garten

Kristallschädel im Vatikan?

Mit dieser Frage werde ich auf meinen Veranstaltungen und Vorträgen sehr oft konfrontiert. Es gibt etliche Zeitgenossen, die fest davon überzeugt sind, dass sich in den Sammlungen des Vatikans Kristallschädel befinden. Nach Nick Noccerino, dem Kristallschädelforscher, der in der Vergangenheit schon einmal die Geschichte der Kristallschädel untersucht hat, besaß Hitler einen Kristallschädel, der den Namen »Das Blut Christi« getragen haben soll. In Noccerinos Darstellungen wird dokumentiert, dass sogar Hitler Interesse an der Prophezeiung über Kristallschädel hatte und diese nicht nur sammelte, sondern auch weltweit nach ihnen suchen ließ. Auf verschiedenen Expeditionen rund um den Erdball soll er nach den restlichen der 13 Kristallschädel gefahndet haben. Vielleicht wusste er ja sogar, dass es sich bei den Kristallschädeln vermutlich um den Gral selbst handelte. Nach Hitlers Tod soll der Kristallschädel aus seinem Besitz in den Vatikan gekommen sein. Noccerino hatte über den Kristallschädel Hitlers geschrieben, dass man in ihm angeblich schreckliche Bilder sehen konnte. Hinweise darauf, dass auf der Wewelsburg eine Art rituelles Zentrum für Rituale mit Kristallschädeln gebaut wurde, habe ich im Buch *Mysterium Kristallschädel* bereits beschrieben. Es ist sehr interessant, dass der Vatikan bis heute den Besitz von Kristallschädeln abstreitet. Da sich einige Kristallschädel in namhaften Museen befinden und es auch solche gibt, die in Kruzifixe eingearbeitet wurden (Norma Redos Kristallschädelkruzifix), erscheint es total unglaubwürdig, dass im Vatikan kein solches Artefakt zu finden sein soll. Es ist auch nicht nachvollziehbar, dass zum Beispiel der sprechende Kopf von Sylvester II. nicht in den Archiven der Katakomben des Vatikans aufbewahrt werden soll. Die Existenz eines Hilfsmittels, mit dem man womöglich in die Zukunft sehen kann, wird wohl jeder abstreiten, der es selbst besitzt. Vor allem dann, wenn man weiß, dass es funktioniert. Ein solches Machtmittel würde kein Herrscher preisgeben, auch nicht die Päpste der Katholischen Kirche. Wir wissen, dass die Mutter Konstantins viele Reliquien und Artefakte, die sie direkt am Tempelberg in Jerusalem gesammelt hatte, nach Rom brachte. Was hatte Helena, die Mutter Konstantins des Großen, in Jerusalem gefunden? Vielleicht den Schädel Adams, der bei der Kreuzigung Jesu an der Schädelstätte hervortrat zur Stunde der

Kreuzigung, so wie es überliefert wurde? War dieser Schädel Adams vielleicht ein Kristallschädel und beinhaltete er das Wissen der Welt? Wir haben im vorhergegangenen Kapitel direkt an der Schatzkammer der Päpste einen Hinweis auf weissagende Köpfe gefunden, und dennoch sollen sich keine Kristallschädel in den Sammlungen des Vatikans befinden? Sollten sich tatsächlich Kristallschädel im Vatikan befinden, dann wäre eine zeitliche Datierung der Herstellung in das 20. Jahrhundert eine Farce. Leicht könnte man anhand des Archivierungsdatums belegen, dass die Kristallschädel nicht, wie in den Medien deklariert, erst um 1920 in Idar-Oberstein hergestellt wurden. Die Existenz eines Kristallschädels im Vatikan würde also bestätigen, was nicht sein darf – die Kristallschädel sind vermutlich mehrere tausend Jahre alt. Sie bezeugen, dass es eine Kultur gegeben haben muss, die in der Lage war, eine solche perfekte Meisterarbeit in Kristall umzusetzen. Dies würde unsere gesamte Zeitrechnung ad absurdum führen. Die gesamte archäologische Historie würde über den Haufen geworfen werden. Aber schon die Wissenschaftler, die recht glaubhaft beweisen können, dass selbst die Datierung der Erbauung der Cheopspyramide schlichtweg falsch ist, sind an damit verbundene endlose Diskussionen gewöhnt. In den Darstellungen der vorhergehenden Kapitel kann man deutliche Indizien finden, dass Kristallschädel durchaus im Besitz des Vatikans sein können. Es bleibt nun dem Leser selbst überlassen, wem er seinen Glauben schenkt. Viele berühmte historische Schriften und Sammlungen bekannter Wissenschaftler von der Antike bis zum Mittelalter könnten Zeitzeugen eines Geschehens sein, das man vor uns zu verbergen sucht. Dass vor einigen Jahrtausenden eine atlantische Zivilisation auf der Erde existierte oder ein weiteres historisches Kapitel der menschlichen Evolution schlicht im Dunkeln bleibt, sind Gründe, warum man sich die alten Schriften durchaus noch einmal vornehmen sollte.

Der Blick in die Zukunft und auch in die Vergangenheit bedeutete damals wie heute, sehr große Macht zu besitzen. Wer könnte in der Lage gewesen sein, im Auftrag der Päpste Kristallschädel zu aktivieren und die Botschaften zu lesen, zu hören oder zu sehen, die sie von sich gaben? Papst Silvester II. machte durch seine hervorragenden Studien auf sich aufmerksam. Wie wir vorher schon gehört haben, bestach er durch seine wissenschaftlichen Kenntnisse in Astronomie und auch in den Naturwissenschaften. Die Herstellung seines sprechenden Schädels könnte eine Metapher zu den Bildern sein, die er im Kristallschädel oder durch den Kristallschädel produziert gelesen hat. Ich persönlich halte es für sehr wahrscheinlich, dass zumindest dieser Kopf in den Sammlungen des Vatikans untersucht wurde. Beweise dafür haben wir allerdings nicht, was aber nicht verwunderlich erscheint. Vielleicht können wir im Umfeld des Vatikans suchen, um Beweise für die Existenz von Kristallschädeln aus der Zeit vor dem 20. Jahrhundert zu finden.

Teil 4

Seher und Gelehrte

Aristoteles und die magischen Steine

Aristoteles, der große Meister und Gelehrte, war allen großen Wissenschaftlern des Mittelalters und darüber hinaus ein Vorbild. Der Schüler der Akademie Platons verfasste weltberühmte exoterische sowie esoterische Schriften. Aristoteles wurde 384 v. Chr. auf der Insel Chalkidiki geboren und starb 322 v. Chr. auf dem Eiland Euboia.

Aristoteles verfasste sehr viele Schriften, mindestens 200, wovon allerdings noch nicht alle entdeckt sind. Uns interessiert diesbezüglich eine besondere Geschichte, die in Zusammenhang mit den Kristallschädeln etwas sehr Verblüffendes beinhaltet. Aristoteles schreibt in einem Roman über Alexander den Großen, der auf eine Reise ging, um das verlorene Paradies zu finden: den Garten Eden. Auf seiner Reise erlebt er allerlei Abenteuer. In verschiedenen Versionen findet diese Geschichte auch in anderen wichtigen jüdischen Schriften ihren Platz. Anhand der jeweiligen Übersetzung wird deutlich, dass für manche Dinge, welche im Text erwähnt sind, recht freizügige Deutungen verwendet wurden. Man muss auch wissen, dass Aristoteles ein Schüler Platons und dieser wiederum ein Schüler von Sokrates war. Bezeichnend für die Schriften der Sokratesschule war es oftmals, in

Rätseln zu sprechen. Schauen wir uns einmal die Geschichte von Alexander genauer an. Eine Unzahl wundersamer Steine begegnet uns in der Erzählung. Alexander ist auf der Suche nach dem Wasser des Lebens und begegnet vielen Gefahren. Kurz vor Alexanders Tod allerdings ereignet sich Folgendes: Er tritt vor die Pforten des Gartens Eden. Er ruft um Einlass und fordert einen Tribut. So war das für einen König üblich. Besuchte er eine Stadt, so musste diese dem König ein Geschenk machen. Als Geschenk überreichte man ihm einen mystischen Schädel. Ich denke, dass es sich bei der Beschreibung des Schädels um einen Kristallschädel handelt, denn die Fabel, die damit verbunden ist, passt sehr gut, wie wir später sehen werden. In verschiedenen Schriften wird der Gegenstand, den Alexander erhält, unterschiedlich beschrieben. Nachfolgend die Beschreibungen der zwei wichtigsten Texte.

Legende von Alexanders Reise zum Paradies:

Quelle: *Talmud*, Traktat Tamid, IV 32ab

Der *Talmud* ist eine Erzählung (200–700 n.Chr.), die vermutlich von einem verlorenen jüdischen Schriftsteller verfasst wurde. Das Textstück, welches uns interessiert, erscheint nach Beendigung des indischen Feldzugs. Zunächst führt Alexander ein Gespräch mit den »Weisen des Südens« (den sogenannten »Gymnosophisten«; Kapitel III, 5/6) und er besucht den Amazonenstaat (Kapitel III, 25–27).

Umgestaltung des Berichts von der Suche nach dem »Land der Seligen« im »Großen Wunderbrief« (Kapitel II, 39–41a).

»Alexander entdeckt durch das Fischwunder das lebenspendende Wasser. Er weiß, dass dieses Wasser seinen Ursprung nur im Garten Eden haben kann, und folgt seinem Lauf, ›bis er an das Tor des Eden-Gartens kam‹. Da erhob er seine Stimme: ›Öffnet mir die Tür!‹ Man erwiderte ihm: ›Dies ist das Tor des Herrn‹ etc. [Ps. 118,20]. Da sprach er zu ihnen: ›Auch ich bin ein König du Hochwürdig; gebt mir etwas.‹ Da gaben sie ihm einen Schädel. Als er später sein ganzes Gold und Silber gegen diesen Schädel wog und es nicht das Gewicht von diesem hatte, sprach er zu den Rabbanan: ›Wie kommt dies?‹ Sie erwiderten ihm: ›Es ist der Schädel des Auges aus Fleisch und Blut, das nimmer satt wird.‹ Da sprach er: ›Was beweist, dass dem so ist?‹ Da nahmen sie Erde und bedeckten ihn damit, und er wog sofort.«

Alexandri Magni iter ad Paradisum

In einem Teil der historischen Schriften von einem **Salomo didascalus Iudaeorum** (»S., Lehrer der Juden«) zugeschrieben:

»Ende des indischen Feldzugs; Alexander gilt als der Beherrscher der Welt. Bei einer Reise durch sein Reich kommt er an die Mündung des Ganges/Physon, welcher im Paradies entspringt. Alexander macht sich mit 500 ausgewählten Männern auf, den Garten Eden zu suchen. Nach langer Fahrt auf dem Fluss kommen sie an eine Stadt, deren ungewöhnlich lange Mauer sich entlang des Flusses erstreckt und keinen Eingang erkennen lässt. Erst nach drei Tagen finden sie eine Öffnung. Nach längerem Klopfen wird ein Fenster geöffnet und eine Stimme fragt nach dem Begehren der Ankömmlinge.

Alexander fordert Einlass für den ›Beherrscher der Welt‹. Er fordert einen Tribut, der eines Herrschers würdig ist. Die Stimme bittet um Geduld. Nach längerem Warten wird das Fenster wieder geöffnet. Alexander erhält als ›Tribut‹ bzw. als ›Mahnung‹ – eine Warnung von Hhybris – einen kostbaren Stein in Gestalt eines menschlichen Auges: ›Wenn du seine Natur und seine Wunderkraft erkannt hast, wirst du von jeglichem Ehrgeiz ablassen.‹ Die Stimme fordert Alexander zur Umkehr auf. Anschließend wird das Fenster von innen versiegelt. – Rückkehr Alexanders und seiner Gefährten zum Heer. Zug nach Susa. Dort legt Alexander den Stein jüd. und ›heidn.‹ (= islam.) Gelehrten vor, die seine Bedeutung jedoch nicht kennen. Schließlich meldet sich ein ›alter Jude‹: Der Stein – so demonstriert der ›alte Jude‹ dem König – ist von geringer Größe, kann aber gleichwohl nicht durch alles Gold der Welt aufgewogen werden; mit Staub bedeckt, wird er jedoch selbst durch eine Feder aufgewogen. Der ›alte Jude‹ deutet den Stein als das menschliche Auge, dessen Gier – ›solange es das Lebenslicht genießt‹ – unersättlich ist, dem jedoch, ›seines Lebens beraubt‹ und mit Erde bedeckt, alle Reichtümer der Erde bedeutungslos geworden sind. Alexander macht nun ›allen seinen Begierden und seinem Ehrgeiz ein Ende‹. Er beendet sein Leben als gerechter Herrscher.«

Die Geschichte variiert in allen Fällen ein wenig in der Beschreibung des wundersamen Schädels, den Alexander vor den Toren des Paradieses erhält. Die Beschreibungen variieren wie folgt:

- Ein Schädel als Sitz des menschlichen Auges (*Talmud*-Erzählung);
- ein Stein in Gestalt eines menschlichen Auges (lateinische Erzählung des 11. Jahrhunderts);
- ein Kästchen, in dem ein menschliches Auge liegt (hebräischer Alexanderroman);
- ein »unscheinbarer Stein«, über dessen Gestalt nichts ausgesagt wird (verschiedene deutsche Ausgaben des Alexanderromans des Mittelalters);
- ein Stein in Gestalt eines menschlichen Auges, der im Dunkeln leuchtet (deutscher Alexanderroman des Mittelalters) etc.

Wir sehen also, dass sich die Schreiber über das Aussehen des Steines nicht einig sind. Ich bin der Ansicht, dass es sich sehr wohl um alles zusammen gehandelt haben kann. Ein Schädel mit dem Sitz des Allsehenden Auges. Nicht des menschlichen Auges – höchstens des »dritten und sehenden Auges« des Menschen. Hier wird auch beschrieben, dass der Mensch in Versuchung geraten wird, die Fähigkeit des Sehens in dem Kristallschädel zur Machtausübung zu verwenden oder zur Mehrung von Reichtümern. Kein Gold der Erde kann den Vorteil aufwiegen, in die Zukunft, Vergangenheit oder Gegenwart zu schauen. Der Schädel selbst wiegt schwerer als alles Gold der Erde. Mit Staub oder Erde bedeckt – das könnte vergraben oder verborgen bedeuten – ist er nichts wert. Weniger als eine Feder wiegt er in diesem Falle, weil er nicht verwendet wird. Die Erkenntnis über das ewige Leben wird Alexander an der Pforte zum Paradies überreicht. Im Kristallschädel sieht er den Lauf der Dinge und schaut in die Zukunft. Möglicherweise hat ihn das von den Begierden des Lebens befreit, denn er weiß, dass die irdischen Güter nichts wiegen im Gegensatz zur wahren Erkenntnis, die er im Schädel gesehen hat.

Meiner Meinung nach handelt es sich hier um eine Beschreibung eines Kristallschädels, der später als der Stein der Weisen in der Geschichte der Menschheit noch eine wichtige Rolle spielen wird.

Unter den Schriften und Werken des Aristoteles finden wir auch ein Steinbuch. Unter den Steinen findet sich auch ein »Seltsamer Stein«, den Aristoteles wie folgt beschreibt:

»Dieser Stein wird in dem finsteren Meere gefunden (…)

Es sind Strahlen in ihm, und wenn es Nacht ist, sieht man in ihm Linien, die leuchten, als wären sie lachende Gesichter. Bei Tag färbt er sich, so dass er bei Sonnenaufgang eine Farbe hat, und so oft die Sonne Macht gewinnt, verändert er sich in dieser Hinsicht bis zum Ende des Tages. (…) Es besaß nur Alexander ein wenig davon, und er ist bis auf diesen Tag in den Händen der Menschen.«

Möglicherweise handelt es sich hier um die Andeutung, dass der Stein aus dem versunkenen Atlantis stammt, über das der Lehrer des Aristoteles, nämlich Platon, so viel und ausführlich geschrieben hat. Ist mit dem Stein, den nur Alexander besitzt, ein Kristallschädel aus Atlantis gemeint? Die Sprache der damaligen Gelehrten zeichnete sich durch diverse Verschlüsselungen aus. Nur dem eingeweihten Leser zeigte sich der wahre Inhalt des Niedergeschriebenen. Dr. Julius Ruska schreibt in einer

Abhandlung über das Steinbuch des Aristoteles das Folgende:

»… versteht der Leser die Andeutungen des Autors nicht, dann sei es seine Schuld, dann gehört er eben zu den homines parvi ingenii und ist nicht würdig und fähig, an den Mysterien der Wissenschaft teilzunehmen. Der Weise nur vermag zu erkennen, welche Wissenschaft in den Steinen verborgen liegt.«

Und das ist sicherlich richtig, denn nur wenn man sich mit dem wahren Inhalt des Geschilderten auskennt, weiß man, um welchen Zusammenhang es sich handelt. Wenn man die Geschichte Alexanders und des Schädelsteins mit der Maya-Prophezeiung vergleicht, dann ist es nur logisch, dass hier von einem Kristallschädel die Rede ist. Mögen wir die Weisen sein, die erkennen, was der Meister der Literatur uns hier hinterlassern hat – den einzigen wirklichen existierenden, literarischen Beweis, dass Kristallschädel schon vor der Geburt Christi existiert haben. Das gehörte zum höchsten Wissen der Eingeweihten und alle, die Aristoteles und sein Steinwerk sowie die Alexandersage gelesen haben, wussten um diesen Zusammenhang, wenn sie reif waren für die Erkenntnis. Sicherlich ist es auch kein Zufall, dass Sokrates, der Lehrer des Platon, der wiederum der Lehrer des Aristoteles war, unter anderem berühmt wurde durch die Befragungen des Orakels von Delphi. Platon beschrieb die Geschichte und den Untergang von Atlantis. Hatte er Informationen von Sokrates und dem Orakel von Delphi erhalten? War das Orakel von Delphi vielleicht ein Platz, an dem man Befragungen von Kristallschädeln so wie in Ägypten durchführte? So wie wir es aus dem Kapitel über den Kopf des Osiris in Abydos schon erwähnt haben? Diese Vermutung ist nicht zu weit hergeholt. Denn die Historie des Orakels von Delphi und die vermittelten Legenden über Prophezeiungen des Orakels reichen bis weit in die ägyptische Zeit zurück. Der König von Theben selbst soll sich über das Orakel Weissagungen eingeholt haben (Ödipussage). Das Orakel von Delphi soll am Mittelpunkt der Erde liegen und bis heute weiß man nicht genau, wie das Orakel befragt wurde. Ich kann mir hierzu sehr gut vorstellen, dass ein Kristallschädel das Hilfsmittel gewesen ist. So kam es, dass der Geschichte von Alexander später die Erzählung über den Stein (aus den Händen Gottes, an der Pforte des Paradieses) beigefügt wurde, sozusagen als des Rätsels Lösung. Kristallschädel sind möglicherweise jener Stein der Weisen, der Heilige Gral und die Bundeslade in einem. (Im *Sohar* finden wir mehrere Schädel beschrieben, die das Wissen tragen.) Sind wir weiser als die Wissenschaftler der heutigen Tage und glauben wir den Gelehrten der Antike?

Wo finden wir noch Hinweise dafür, dass dieses Wissen im Verborgenen überdauert hat – unserem uneingeweihten Auge verborgen?

Roger Bacon (genannt Doktor Mirabilis) und das mysteriöse Schriftstück

Roger Bacon war ein englischer Franziskaner-Mönch und Philosoph, der als einer der ersten Verfechter empirischer Methoden gilt. Seine Lebensgeschichte und Besonderheiten seines mystischen Forschens an alten Schriften und den Künsten der Alchemie dienten als Vorlage für den Roman *Im Namen der Rose*. Die wissenschaftliche Ausbildung von Roger Bacon resultierte aus dem Studium der arabischen und griechischen Autoren des Mittelalters. Er bemühte sich darum, die Texte von Aristoteles und auch die Texte der Heiligen Schrift im Original zu studieren. Er glaubte, dass die übersetzten Texte, die die Kirche lehrte, nicht den originalen Übersetzungen entsprachen. Anfänglich unterstützte ihn Papst Clemens IV. finanziell bei seinen Studien. Als dieser jedoch verstarb, geriet der Mystiker und Alchemist vermehrt ins Kreuzfeuer von Anschuldigungen. Als Kritiker zeitgenössischer Theologien hatte er gegen Ende seines Lebens einen sehr schweren Stand. In seinen verfassten Schriften finden sich die Themen Optik, Mathematik, Alchemie, Astronomie. Er beschrieb sehr exakt die Positionen und Größen von Himmelskörpern. Auch beschrieb er richtig die Gesetze der Spiegelung und Lichtbrechung. In prophetischen Texten sagte er die Erfindung von Mikroskopen, Teleskopen, fliegenden Maschinen und Dampfschiffen sowie Tauchapparaten vorher. Er erforschte die Gesetze der Strahlenbrechung, des Regenbogens und der Luftspiegelungen (Fata Morgana). Bacon erwähnte erstmals 1249 geschliffene Glaslinsen, die zum Lesen verwendet werden. Er vermutete auch, dass die Erde eine Kugelgestalt hat und entdeckte Fehler im Julianischen Kalender.

Nachfolgend einige Zitate aus *Opus Majus 1267*:

»Schiffe können gebaut werden, die ohne Ruderer und Segel auskommen.«

»Ebenso kann man Wagen bauen ohne Zugtiere, die mit unglaublicher Kraft fahren [...]«

»Flugmaschinen können konstruiert werden, so dass ein in der Mitte sitzender Mann sie mit einem kunstvollen Mechanismus lenkt und durch die Luft fliegt wie ein Vogel.«

Wenn man diese Beschreibungen liest, dann hat man das Gefühl, dass Bacon ein Bild von der Zukunft gesehen haben muss, um derartig genau ein Flugzeug beschreiben zu können. Woher hatte er die Fähigkeiten, in die Zukunft zu schauen? Hier wird es für unsere Recherchen interessant. In mehreren zeitgenössischen Texten heißt es, der berühmte englische Franziskaner Roger Bacon, der als Astrologe, Alchemist und Erfinder bekannt wurde, habe einen Kristallschädel besessen. Er soll es gewesen sein, dem der sogenannte Teufelspapst Silvester II. den sprechenden Schädel Baphomet (siehe Kapitel Papst Silvester II.) vermacht haben soll. Nach dem Tod des legendenumwitterten Papstes verkündete man, dass der sprechende Kopf vernichtet worden sei. Merkwürdigerweise existierte dieser Kopf aber zwei Jahrhunderte später immer noch und machte seinen Gelehrten und Besitzern zu schaffen. Sollte der geniale Wissenschaftler und Kritiker der mittelalterlichen Scholastik seine Kenntnisse mittels des von Papst Silvester II. übereigneten Kristallschädels erworben haben? Ich halte es für durchaus denkbar, dass Roger Bacon es mithilfe seiner optischen Kenntnisse geschafft hatte, dem Kristallschädel Bilder und Visionen über die Zukunft zu entlocken. Seine Studien über die Lichtbrechung und die Luftspiegelungen sprechen ebenso dafür, wie seine Studien in Bezug auf kleine Kristallglaslinsen. Sollte er dem Kristallschädel mittels alchemistischer Kenntnisse Informationen und Bilder über Gegenwart, Zukunft und Vergangenheit entlockt haben? Dies verlieh ihm natürlich eine unkalkulierbare Macht in den Augen des neuen Papstes oder des Königs. War dies der Grund, warum man ihn 1278 unter Arrest stellte? Die offiziellen Gründe für seine Verhaftung waren wohl seine Angriffe auf die Scholastiker und sein Hang zum Mystizismus (besonders zu den Prophezeiungen des Joachim de Fiore). Erst 1292 wurde er aus der Haft entlassen. Noch einmal fasste er seine Thesen im *Compendium studii theologiae* zusammen. Über sein Todesdatum ist man sich bis heute nicht einig. 1292 oder 1294 soll er – kurz nach dem Verfassen seiner Thesen – verstorben sein.

Wie könnte er dem Kristallschädel Informationen entlockt haben? Die nahe liegende Technik, mit der er diese Art Bilder vermutlich produzierte, ist diejenige, die er auch für die Forschungen in Bezug auf die Sonne entwickelte und nutzte: Roger Bacon baute für Sonnenbeobachtungen die ersten Apparate in Form einer Camera Obscura. Bei dieser Technik handelt es sich um ein optisches Verfahren, Bilder zu produzieren. Diese Methode ist die Vorstufe der Fotografie, sie wird uns im Zusammenhang mit den Kristallschädeln noch weiter beschäftigen. Diese Technik schien Roger Bacon sehr wichtig zu sein. Optische Verhältnisse und das Produzieren von Bildern waren Grundlagen dieser Technik. Meine Meinung ist, dass aufgrund der physikalischen Eigenschaften der Kristallschädel durchaus denkbar ist, dass man informative Bilder aus den Kristallschädeln mittels der

Technik der Camera Obscura abfragen kann. Dies bestätigt auch das Medium Carole Wilson (*The skull speaks*). Sie erklärt, dass man Bilder aus den Kristallschädeln herunterladen kann wie die Daten von einem Computer. (Darauf werde ich in dem Kapitel über das Empfangen von medialen Botschaften durch Kristallschädel näher eingehen.) Sollte Roger Bacon Botschaften aus dem Kristallschädel in Form von Bildern abgefragt haben, dann könnte es sein, dass er tatsächlich Sachkenntnisse und Visionen über andere Zeiten auf der Erde dokumentieren konnte. Dies tat er sicherlich im Verborgenen. Denn es war durchaus sehr gefährlich, wenn er Zugriff auf Informationen hatte, die dem Ansehen der Kirche oder des Königs schadeten oder die einen Machtverlust für jene bedeuteten. Also müssen wir nach Hinweisen suchen, die bestätigen können, dass er Bilder aus »fremden Welten«, sprich aus einer anderen Zeitspur empfangen und aufzeichnen konnte. In diesem Zusammenhang bin ich auf das sogenannte Voynich-Manuskript gestoßen. Man kennt den Autor des Werkes nicht, aber Roger Bacon dürfte zu jenen Gelehrten gehören, die es vermutlich verfasst haben.

Das Voynich-Manuskript ist ein seltsames Buch. Der Buchhändler Wilfrid M. Voynich hat es 1912 in Italien entdeckt. In einem Jesuiten-Kolleg in der Villa Mondragona in Frascati stieß er auf das merkwürdige Dokument, das für viele Diskussionen sorgte. Das Manuskript ist ein aus dünnem Pergament zusammengefasstes Buch, das besondere Zeichnungen und Texte in einer unbekannten Sprache enthält. Voynich versuchte zusammen mit den besten Decodierern des Landes, diese fremde Sprache zu entschlüsseln. Doch das ist bis heute unmöglich gewesen. Das Manuskript trägt seither den Namen des Finders Voynich und ist meines Erachtens keine Fälschung, wie es Georg Rugg und Andreas Schinner von der britischen Universität Keele 1997 festgestellt haben wollen. Das Manuskript ist nachweislich mehrere hundert Jahre alt und befindet sich im Augenblick in der Beinecke-Rare-Book-Bibliothek der Yale-Universität. Es hütet dort ein besonderes Geheimnis.

Das Manuskript beinhaltet mehrere Kapitel über Pflanzen, die von heutigen namhaften Biologen als weitgehend unbekannte Arten eingestuft wurden. Die präzisen Zeichnungen und Darstellungen im gesamten Manuskript erscheinen besonders außergewöhnlich. In weiteren Kapiteln beschreibt der Autor Themen zu Astronomie, Kosmologie, Biologie und beschäftigt sich, wie bereits geschrieben, in einem speziellen Teil des Buches mit Pflanzenrezepturen. Die Darstellungen sorgen für Aufsehen, denn es werden Pflanzenarten beschrieben, die definitiv nicht auf unserem Planeten wachsen. Darüber hinaus werden astronomische Kalender dargestellt, die definitiv andere Sternzeichen beinhalten, als die unseres Horoskops. Die Untersuchungen der Yale-Universität führten das Manuskript auf Roger Bacon zurück, der es im 13. Jahrhundert an den englischen Hof verkauft hatte.

Viele Forscher, Hobby-Astronomen, Biologen und auch Decodierer mit militärisch-geheimdienstlicher Ausbildung (z. B. NSA) haben bisher versucht, das Manuskript zu entschlüsseln – ohne Erfolg. Es ist auch nicht möglich, das Manuskript mit der C14-Methode zu datieren, weil die Yale-Universität die Herausgabe des Werkes für Labortests verweigert.

Viele Decodierer und Wissenschaftler haben sich seinerzeit an der fremden Sprache des Manuskriptes versucht, um den Inhalt mittels Entschlüsselung des Sprachcodes zu verstehen. Ohne Erfolg. In den 1970er-Jahren untersuchte der Kryptografie-Experte Prescutt Currier (*US Navy*) das Manuskript. Er stellte eindeutig fest, dass das Manuskript kein Betrug oder Spaß ist. Die Wortverteilung gehorche dem sogenannten »Zipfschen-Gesetz«. Der Harvard-Professor George Kingsley Zipf untersuchte verschiedene Sprachen und entdeckte eine Art nummerischen Rhythmus der Wortwiederholungen, der sich auch auf das Voynich-Manuskript übertragen lässt. Ein Fälscher hätte nach Prescutt Currier keine Chance gehabt, einen solchen Rhythmus in den Codex des Textes einzubauen.

Ist das Voynich-Manuskript also ein Hinweis darauf, dass Roger Bacon mittels des Kristallschädels Informationen abfragte, die es erlaubten, genaue Zeichnungen von Pflanzen und astronomischen Gegebenheiten anzufertigen, die wiederum belegen, dass unsere Vorstellung bezüglich unserer Zeitrechung falsch ist, und dass es schon einmal eine Besiedlung der Erde in einem anderen Zeitalter gab, so wie es auch die Maya-Indianer behaupten? Nach den Maya-Indianern leben wir in der Vierten Welt und stehen kurz vor dem Übergang in die Fünfte Welt. Ist es möglich, dass uns wichtige Manuskripte, die sich vielleicht noch in Klosteranlagen oder in den Bibliotheken des Vatikans befinden, auf eine ähnliche Spur bringen würden? Warum bestand Roger Bacon so darauf, dass man die alten Texte und Schriften im Original einsehen sollte – besonders die Texte der Heiligen Schrift?

Als ich mir Teile des Voynich-Manuskriptes ansah, fiel mir die Art der Schrift sofort auf. Sie erinnerte mich an jene der Elben aus Tolkiens Roman *Herr der Ringe*. Ist es eine Überraschung, dass Tolkien eigentlich ein Theologe und Schriftgelehrter war, der vornehmlich Texte der berühmten Qumran-Schriftrollen übersetzte und direkten Zugang zur Bibliothek des Vatikans hatte? Tolkiens Roman besticht durch seine genaue Darstellung von Karten und Beschreibungen aus dem Dritten Zeitalter der Erde. Genaue Karten und unglaubliche Beschreibungen der Schrift und Sprache der Elben haben den Autor berühmt gemacht. Kann es sein, dass Tolkien Teile von Karten und Beschreibungen aus alten Manuskripten und Schriftrollen für seinen Roman entnommen hat? Wollte er mit seinem Roman einen Teil der Wahrheit in verschlüsselter Form an seine Leser weitergeben? Kann es sein, dass er einen Roman schrieb, um auf diese Weise seine Entdeckung bekannt zu machen? Wollte er Probleme mit der Kirche umgehen, indem er die Geschichte in eine fantasievolle Handlung hüllte? Falls ja, so entging er auf alle Fälle der beliebten Methode, dass solche Dokumente nach einiger Zeit einfach als Fälschungen abgetan werden. Genau wie es mit den Kristallschädeln derzeit der Fall ist. Durch Untersuchungen mit der Photonenkamera lassen sich eindeutig elektromagnetische Wellen nachweisen, die von den Kristallschädeln produziert wurden, die wir untersucht haben. Offensichtlich ist es mittels optischer Hilfsmittel möglich, ein Bild mit dem Kristallschädel zu erzeugen.

Frank Dorland hatte die optischen Fähigkeiten ja genau beschrieben, die zum Beispiel der Mitchell-Hedges-Kristallschädel nachweislich erfüllte. Das Voynich-Manuskript besteht aus hauchdünnem Pergament, das Butterbrotpapier ähnelt. Irgendwie scheint es mir nicht allzu weit hergeholt, dass Roger Bacon vielleicht die Bilder, die er aus dem Kristallschädel projizierte, einfach auf das dünne Pergament kopierte. Auf diese Weise könnte er nicht nur dieses Manuskript aufgezeichnet haben. Es könnte sogar sein, dass er Landkarten und Ähnliches aus dem Archiv des Kristallschädels kopierte und so etliches Material sammelte und es dokumentierte. Mit seiner Inhaftierung über einen Zeitraum von mehr als zwölf Jahren brachte man ihn womöglich zum Schweigen. Was geschah während dieser Zeit und nach Roger Bacons Tod mit seinem Kristallschädel?

Will man den Erzählungen und Legenden glauben, dann gab er ihn an seinen Schüler Albertus Magnus weiter.

Albertus Magnus und der geheimnisvolle Roboter

Der »Doktor mirabilis« Bacon gab angeblich seinen Kristallschädel an Albertus Magnus weiter, den berühmten deutschen Theologen und Naturwissenschaftler. Seine Theorien und Darstellungen umfassen mehr als 70 handschriftlich verfasste Abhandlungen und Bücher. Er studierte in jungen Jahren Künste und Medizin und promovierte später in Paris zum Doktor der Theologie. Er gehörte dem Dominikanerorden an und wurde sogar zum Bischof von Regensburg ernannt. In seiner Schaffenszeit lebte Albertus Magnus mehrfach als Dominikaner in Köln. Zu den Gemeinsamkeiten gehört, dass Albertus Magnus ebenso wie Roger Bacon die verbotenen Schriften des griechischen Philosophen Aristoteles studierte. Seine naturwissenschaftlichen Beobachtungen beruhten auf Grundprinzipien des naturwissenschaftlichen Denkens von Aristoteles. Zu den häufigsten Abhandlungen, die sich heute in den vatikanischen Bibliotheken finden, gehören etliche Werke der Alchemie. Das bedeutendste Buch von Albertus Magnus im Hinblick auf die Alchemie ist das Buch *De Mineralibus* (zu deutsch: *Über die Minerale*). Albertus Magnus vertritt in fast allen seinen Darlegungen die These, dass die Alchemie die Natur der Erde am besten nachahmt. Am deutlichsten ist seine These mit Aristoteles' Schriften verbunden. Sie besagt, dass die Metalle in der Erde durch den Einfluss der Gestirne aus feuchten, dampfartigen und trockenen, rauchartigen Ausdünstungen entstanden sind. Magnus' bedeutendster Schüler war Thomas von Aquin, der ebenfalls als Denker der damaligen Zeit berühmt wurde. Albertus Magnus studierte auch ausgiebig die Flora und Fauna Mitteleuropas und verfertigte zudem etliche Werke mit geografischen Beschreibungen.

Was lässt nun den Rückschluss oder die Annahme zu, dass Roger Bacon seinem Schüler einen Kristallschädel vermacht haben könnte? Bei meiner Recherche bin ich nicht nur auf die Tatsache gestoßen, dass Albertus Magnus ein Genie auf alchemistischem Gebiet war. Er zeichnete sich noch durch andere Besonderheiten aus. Wenn wir uns ansehen, was er alles entwickelt hat, dann fällt uns als Erstes auf, dass er so gut wie aus dem Nichts den kompletten Bauplan für den Kölner Dom erstellt hat. Angeblich soll Albertus Magnus nach einer Art Vision oder Marienerscheinung den Dom konzipiert haben. Der Kölner Dom ist auch heute noch ein imposantes Bauwerk. Bedenkt man jedoch, dass allein für den Bau und die genaue Umsetzung des Bauplanes 400 Jahre Zeit benötigt wurden, dann erfasst man vielleicht eher, welches Wunderwerk Albertus Magnus für die damalige Zeit konzipiert hatte. Im Übrigen glaube ich durchaus, dass er den Bauplan mithilfe der Daten aus dem Kristallschädel hat erstellen können. Unter den Legenden um Albertus Magnus hält sich noch eine andere Geschichte, die man als Hinweis darauf interpretieren kann. Die Aufzeichnungen von Albertus Magnus und seine Kartierungen sind heute fast alle in Besitz des Vatikans. Man kann nur ahnen, welche wissenschaftlichen Schätze in diesen Aufzeichnungen verborgen sind. In Sevilla befindet sich eine Albertus-Handschrift mit Randbemerkungen von Christoph Columbus. Seine Aufzeichnungen hinsichtlich Erdkunde, Astronomie und Meteorologie sollen unumstritten zur Entdeckung Amerikas beigetragen haben. Sollte der Entdecker und Forscher Karten von Albertus Magnus eingesehen haben, bevor er sich auf die Reise nach Amerika machte? Aus anderen Quellen wissen wir, dass es schon lange vor Columbus Karten mit der genauen geografischen Aufzeichnung der amerikanischen Küste gab. Die Karte des Admirals und Kartographen Piri Reis etwa sorgte aufgrund ihrer Datierung weit vor den Entdeckungen durch Christoph

Columbus immer wieder für Aufsehen. Auch eine Karte einer eisfreien Antarktis von Oronteus Finaeus, die aus dem Jahre 1531 stammt, löste einige Spekulationen aus. Die Tatsache, dass neuerliche Erkundungen in der Arktis erwiesen haben, dass die Küstenkartierung der Antarktis bis ins kleinste Detail stimmt, macht den Neugierigen stutzig. Woher hatten die Denker der damaligen Zeit ihre genauen Kenntnisse? Ist es möglich, dass Albertus Magnus dieses immense Wissen dem Kristallschädel, den dieser von Roger Bacon erhalten hatte, in Form von Bilder entlockte? Roger Bacon hatte mit dem Voynich-Manuskript Material geliefert, welches nicht von dieser Welt schien.

Die meisten Schriften und Karten von Roger Bacon befinden sich, wie ich schon schrieb, im Vatikan. Sind darunter vielleicht auch alte Karten mit Lageplänen versunkener Schätze oder fremder Länder?

Eine weitere Geschichte über Albertus Magnus erhärtet den Verdacht, dass er in Besitz eines Objektes war, das er für weissagende Visionen nutzte. Er soll sich einen sprechenden Roboter gebaut haben. Ein Kirchenfenster in der Dominikanerkirche Köln erinnert heute noch an Passagen seines Lebens. Hier findet sich auch die Robotergeschichte, in die ebenso sein Schüler Thomas von Aquin verwickelt ist. Der Roboter soll in der Lage gewesen sein, schwierige Fragen zu beantworten. Thomas von Aquin stieß ihn eines Tages aus Versehen um, wodurch er zerstört wurde. Es heißt, dass Albertus Magnus am Ende seines Lebens verwirrt gewirkt haben soll. Dies resultierte möglicherweise aus dem frühen Tod seines Lieblingsschülers und Freundes Thomas von

Aquin, der 1273 auf mysteriöse Weise starb. Der damals 49-Jährige musste kurz vorher über irgendetwas derart erschrocken gewesen sein, dass er jegliches Schreiben mit dem Zitat beendete: »Alles, was ich bisher geschrieben habe, kommt mir vor wie Stroh im Vergleich zu dem, was ich gesehen habe.« Er legte seine Schreibtafel nieder und schwieg ab diesem Tag. Drei Monate später war der berühmte Philosoph tot. Kann es sein, dass er einen Blick in den Kristallschädel geworfen hatte und derart über das Gesehene schockiert war, dass er sein Schaffen jäh beendete? Hatte er nach seiner Vision, die aus dem Kristallschädel stammte, diesen zerstört, weil er die schrecklichen Bilder nicht ertragen konnte?

Finden wir in einem Zitat von Albertus Magnus einen Hinweis darauf, dass dieses seltsame Gebilde, das man später als Roboter bezeichnete, eigentlich ein Kristallschädel war? Sicherlich hätte er die Existenz eines solchen Schädels, der weissagen konnte, nicht offen zugegeben. Schließlich hatte man schon Papst Silvester II. schwarze Magie vorgeworfen, weil er einen sprechenden Kopf verwendete. Außerdem muss man wissen, dass es sich hierbei um ein wirklich großes Geheimnis handelte – den Schlüssel zur Macht, den niemand, der ihn besessen hätte, freiwillig preisgegeben hätte. So liest sich folgendes Zitat durchaus zweideutig:

»Die höhere Eigenschaft des Himmels schenkt den Steinen gewisse wunderbare Wirkungen; diese werden wirksam, wenn sie mit menschlichen Gliedern verbunden werden und etwa am Hals aufgehängt werden.«

Mit dem Zitat kann natürlich auch ein Talisman gemeint sein, den man um den Hals tragen soll. Für mich ist aber sehr erstaunlich, dass man durchaus davon ausgehen kann, dass hier ein Kopf aus Stein beschrieben ist, dem der Körper fehlt. Wenn man sich die Beschreibung des vorgenannten Roboters ansieht, so muss dies ein merkwürdiges Gebilde aus Leder und Metall gewesen sein, das einen Kopf getragen hat. Mit der Schrift *De Mineralibus* beschreibt Albertus Magnus wichtige Edelsteine. Dem Kristall widmete er aber eine ganze Abhandlung in dem Werk *de causis propietatum elementorom et palanetarum*. Er war ihm also besonders wichtig und widmete ihm eine besondere Abhandlung, welche in einen Kontext mit den Planeten gestellt wird. War das merkwürdige Objekt in Wirklichkeit ein Kristallschädel? War es gar statt eines Roboters ein Kristallschädel, der zu Bruch ging, als Thomas von Aquin das Arbeitszimmer des Albertus betrat und möglicherweise in diesem Moment einer Vision beiwohnte? Waren die Bilder so schrecklich, dass er gar aus Entsetzen den Kristallschädel zu Boden warf? Verfiel er deshalb in Schweigen und legte seine Arbeit nieder? Dieses Geheimnis wird Thomas von Aquin wohl für immer mit in den Tod genommen haben.

Schließlich finden wir auch einen Hinweis, dass Albertus Magnus mit einer Camera Obscura Bilder erzeugen konnte. Aus den Schriften von Aristoteles war ihm die Camera Obscura bekannt. Bereits um ca. 1200 entdeckte Albertus Magnus (1193–1280) die Oxidation und Schwärzung des Silbernitrats, die sich später für die weitere Entwicklung der Camera Obscura zum Aufnahmegerät als bedeutungsvoll erweisen sollte. Mithilfe von Sonnenlicht und dem Silbernitratpulver gelang es, das mit der Camera Obscura gespiegelte Bild auf Papier zu brennen und somit zu fixieren. Das könnte bedeuten, dass Albertus Magnus die Methode, den Kristallschädel mit der Technik der Camera Obscura zum Bilder produzieren zu bewegen, von Roger Bacon übernommen und mithilfe der Fixierung auf Papier perfektioniert hatte. Möglicherweise ließ sich das Abfragen des Kristallschädels nicht mehr wiederholen, nachdem Thomas von Aquin den Kopf zerstörte. In jedem Fall aber erscheint es mir persönlich so, dass die mystischen Ansichten des Albertus Magnus ein weiterer Hinweis dafür sein können, dass er Zugang zu einem besonderen Wissensschatz hatte. Albertus war der Auffassung, dass der Kosmos, die Natur sowie auch der Mensch vom Geist Gottes durchflossen seien. Die Aufgabe des Menschen sei es, den alles durchströmenden, lichtvollen Geist Gottes selbst zu finden. Der Mensch sei ein Geschöpf Gottes und müsse den Weg zu dieser in allem existierenden Kraft selbst suchen und beschreiten. Erst mit der Öffnung des Menschen für diesen Weg erfahre er Weisheit. Über drei Stufen, die er »Werde-Stufen« nennt, könne der Mensch sich langsam in Geduld öffnen und gelange so zum Lichterlebnis. Je nach den individuellen Bemühungen des einzelnen Menschen sei es möglich, dass er immer mehr zu dem werde, was er oder wie er vor Gott sein wolle. Albert beschreibt also das göttliche Wesen des Menschen und die unbegrenzte Fähigkeit, alle Wünsche und Ziele im Leben zu verwirklichen, wenn man nur den Bewusstwerdungsweg zum Erkennen der eigenen Göttlichkeit mit dem Strom der Liebe Gottes verbindet. Durch die Erkenntnis, dass Gott in allem fließt und der

Mensch mehr und mehr nach seinem göttlichen Wesen strebt, ebenso durch die Erkenntnisse der kosmischen Zusammenhänge und Erfahrungen der Naturgesetze sei es möglich, nach den alchemistischen Grundprinzipien das zu gestalten, was wir wollen, indem es mit göttlicher Wärme und Liebe fruchtbar in unserem Wirken und Handeln ist. Dies lässt genug Raum für die Tatsache, dass jeder Mensch in der Lage ist, sich mit dem göttlichen Kern seines eigenen Wesens und darüber hinaus mit Gott in Einheit zu erkennen. Diese Weisheit macht ihn zu einem tief gläubigen Menschen, der seine Erkenntnisse aus dem Wissen schöpft, welches er in der Natur erfahren und gesammelt hat.

Betrachtet und liest man das Buch *De Mineralibus* von Albertus Magnus mit Augen, die nach Kristallschädeln suchen, dann stößt man schnell auf etwas Interessantes. Im hinteren Teil des Buches findet sich der sogenannte Teil Tractatus III. In sechs sehr ausführlichen Kapiteln schreibt Albertus Magnus darin über Bilder um, in und auf Steinen. Lassen wir uns ein paar Zitate durch den Kopf gehen und überlegen uns, ob Albertus hier versteckt die Botschaften der geheimnisvollen Schädel beschreibt. Er verschlüsselt seine Botschaft wohlweislich, denn das ganze Geheimnis kann er hier nicht offenbaren. Erstens würde er das über Jahrhunderte gehütete Geheimnis über Kristallschädel preisgeben und zweitens hätte man sein Werk schlichtweg zensiert. Seine Aussagen sind, bezogen auf die damalige Zeit, ohnehin schon sehr mutig. Es erscheint direkt verwunderlich, dass ein Bischof zu Regensburg ein solches Werk verfasste bzw. verfassen konnte!

»Nach Obigem ist über Bilder und Reliefs der Steine zu reden. Es ist möglich, dass dieser Teil ein Teil der Nekromantie ist (Wahrsagen durch Zitieren von Verstorbenen), entsprechend jener Art von Nekromantie, die der Astronomie untergeordnet wird und die Bilder und Reliefs erklärt ...«

»... denn von den weisen Alten kennen nur wenige die Beschreibung von Bildern und Steinen ...«

Denkt man an die Beschreibung in der kabbalistischen Schrift – den *Sohar* – zurück, die mit dem Attik-Jomim die Beschreibung des Weisen Alten enthält, und erinnert man sich an den Wortlaut der Beschreibung der Bundeslade oder des Heiligen Grals darin, dann erinnert man sich in diesem Zusammenhang auch, dass dort Schädel beschrieben werden. Es ist die Rede von mehreren Schädeln, die das Wissen auf die Erde leiten. (Ausführliche Darlegung in meinem Buch *Mysterium Kristallschädel*, Ansata Verlag.) Macht Albertus hier eine versteckte Andeutung für den eingeweihten Leser seiner Abhandlung, die darauf hin führt, dass er im nachfolgenden Text die Bilder beschreibt, die in den Steinschädeln zu lesen sind?

Wir lesen weiter:

»... Manchmal hat das Bild eine Farbe, die ganz verschieden ist von der Farbe der Steine. Diese beiden Arten finden sich bei Bildern, die über der Oberfläche der Steine erhaben sind ...«

Dem genauen Leser wird bei dieser Bildbeschreibung klar, dass es sich um Bilder handeln muss, die sich über den Steinen finden. Zudem haben diese Bilder auch eine andere Farbe als der Stein selbst. Beschreibt Albertus hier verschlüsselt die projizierten Bilder, die aus Kristallschädeln hervortreten und über dem Schädel erscheinen? – Weiter im Text:

»... *da zeigte es sich bei einem Marmorstück, dass, nachdem die geschnittenen Tafeln schon aneinander gefügt waren, ein Kopf erschien ..., die Malerei schien nur darin fehlerhaft zu sein, dass es schien, als ob die Stirn in der Mitte allzu hoch zum Scheitel des Kopfes aufstieg ...«*

Beschreibt Albertus hier mittels seiner verschlüsselten Erzählung die deformierte Form eines Schädels, wie man sie bei den Pharaonen fand oder charakterisiert er eine Schädelform, die überirdisch ist? Wenn wir die Passagen im kabbalistischen *Sohar* hinzufügen, die das Attik-Jomin beschreibt, dann finden wir Passagen, die die »Sterngötter« erwähnen. Der *Sohar* beschreibt sie als »die fliegenden Herren im Äther«. In ihm wird dargestellt, dass das Attik Jomin aus verschiedenen Schädeln bestehe. Über den Schädeln, manche ausgehöhlt und in verschiedenen Größen, würden Botschaften auf und nieder schweben. Diese Beschreibungen können meiner Meinung nach sehr gut zu den Formulierungen von Albertus Magnus passen, wenn er er wissen lässt:

»... *Derartiges gibt es ähnlich wie bei Wolken, in denen alle möglichen Figuren erscheinen, wenn sie nicht von den Winden verweht werden ...«*

»... *Diese Dinge können nicht aus physikalischen Prinzipien heraus bewiesen werden. Man muss hierzu Astronomie, Magie und nekromantische Wissenschaften kennen, von denen in anderen Schriften gehandelt wird.«*

Albertus beschreibt Bilder, die wie Nebelschwaden auftauchen oder wie Wolken in ständiger Bewegung sind. Das ist ein Hinweis auf bewegte und nicht feststеhende Bilder. Hier beschreibt er meiner Meinung nach verschlüsselt, dass man aus solchen Steinen bewegte Bilder empfangen kann. Ferner gibt er einen Hinweis auf Magie und Nekromantie, das heißt, ihm war schon klar, dass er eine Art magische Bildproduktion vor sich hatte. Auch im *Sohar* werden die Botschaften als schwebend und beweglich dargestellt. Das erlaubt uns den kühnen Rückschluss, dass von ein und demselben die Rede ist. In seiner Abhandlung geht er auch weiterführend auf Winkelverhältnisse und Magnetkräfte ein, die Aristoteles in seinem Buch über Steine anführt. Er macht deutlich, dass es verschiedene Formen von Magnetkräften in jeglicher Materie gibt, und dass es wichtig zu sein scheint, in welchem Winkel solche Kräfte und Lichtverhältnisse zusammentreffen. Darüber hinaus macht er deutlich, dass es bisweilen nur möglich ist magische Bilder zu erzeugen, wenn bestimmte astronomische Einflüsse der Gestirne und Sternzeichen mit berücksichtigt werden. Das alles lässt das Geheimnis um die Kristallschädel noch viel spannender werden. Wenn es sich bei den Kristallschädeln um den Stein der Weisen handelt, dann erklärt sich auch ganz leicht, warum sie in der Geschichte namentlich nie wirklich erwähnt werden. Man versteckte ihre Existenz, weil man wusste, dass sie eine unglaubliche Macht besaßen – *das Wissen*. In jedem Fall ist dies auch ein Grund, warum die Existenz der Kristallschädel kontrovers diskutiert wird. Vielleicht ist das kosmische Wissen um Zukunft, Vergangenheit und Gegenwart genau das, was ihre Besitzer zu schützen suchen. Daher ist es auch in gewisser Weise nachvollziehbar, weshalb die Echtheit der Kristallschädel in den Medien angezweifelt wird. Möchte man vielleicht die Besonderheit der Kristallschädel vertuschen?

Die nachfolgende Ballade von Börris von Münchhausen besingt den 80-jährigen Albertus Magnus. Er beschreibt ihn als den weisen Greis, in dessen Augen ein Edelstein glänzt.

Wer kann die Runen kennen,
Die tief im Wald der Käfer schreibt,
Wer will die Zeichen nennen,
Die Gottes Blitz in Buchen treibt,
Wer soll die Linien deuten,
In denen Schmiede Funken sprühn.
Die Lettern, die verstreuten,
Die Krähen übers Schneefeld ziehn?
Albertus Magnus kann es!
Zu Köln am Rheine lehrt der Greis,
Des wundertätigen Mannes
Tonsur umkränzt schon klares Weiß …
Wer kann, was Wort gewesen
Und dann zu hartem Eis erstarrt,
Wer kann die Runen lesen,
In denen Geisterbotschaft ward,
Wer will die Lettern deuten?
Albertus liest die Zauberschrift …

Liest man die Zeilen aufmerksam und sucht eine versteckte Metapher auf Kristallschädel, kann man sie im Text des Liedes durchaus finden. »Klares Weiß« oder »Worte, die zu hartem Eis erstarren« können als Metapher oder versteckter Hinweis auf Kristallschädel gelesen werden. Leider verliert sich aber hier vorerst die Spur der Kristallschädel. Mit der Geschichte der Zerstörung des »Roboters« scheinen die Schädel erst einmal in Vergessenheit zu geraten. Dennoch bleibt in den Schriften und Gebeten von Albertus Magnus noch so viel Wissen, dass es sich jederzeit als lohnend erweist, diese zu studieren.

Gebet

Herr Jesus Christ,
Du hast den Samen Deines Wortes ausgesät
in meinem Geist in jedem guten Gedanken,
in meinem Willen zu jedem guten Werk.
Du hast ihn ausgesät in all mein Wirken.
Lass mich ausziehen aus dem Altland meines Lebens,
damit der Same Deines Wortes
nicht von den Vögeln eitler Gedanken
aufgefressen werde,
damit er nicht zertreten werde auf dem flüchtigen Wege,
damit er nicht vertrockne auf dem harten, zähen Felsgestein
und nicht ersticke in den Dornen der Kümmernisse.
Gib mir ein mildes Herz voll Demut und Fröhlichkeit,
dass ich ein gutes und bestes Erdreich werde
und Frucht bringe in Geduld.
Albertus Magnus (Albert der Große)

Leonardo da Vinci, der »Stein der Weisen« und die Geschichte der Camera Obscura

Mehr als 200 Jahre später taucht das Genie Leonardo da Vinci auf. Dieser hatte hervorragende Beziehungen nicht nur zu den Savoyern und dem Königshaus, sondern auch zum damaligen Papst. Zudem er ist laut zeitgenössischen Quellen ein möglicher »Kristallschädelbefrager«. Leonardo ist für mich in jedem Fall eines der größten Genies seiner Zeit. Sein Wissen und seine unglaublichen technischen Entwicklungen erscheinen seiner Zeit weit voraus. Seine Erfindungen und Zeichnungen sind bis heute ein Rätsel. Niemand kann sich erklären, woher Leonardo sein Wissen bezog. Nach seiner eigenen Darstellung war er lediglich ein Schüler der Natur. Nicht das Gewöhnliche und Offenkundige, sondern vor allem die fantastischen und ungewöhnlichen Erscheinungen der Welt zogen ihn besonders an. Merkwürdige Formen von Hügeln und Felsen, seltene Pflanzen und Tiere, ungewöhnliche Gesichter und Figuren von Menschen waren die Dinge, die er in seiner Malerei und in seinen Naturstudien aufgriff. Aber auch bei der Erforschung des menschlichen Körpers durch Sektionen Verstorbener machte er bahnbrechende Entdeckungen, die er zeichnerisch sehr genau festhielt. Leonardo beschäftigte sich allerdings mehr mit Projekten der Mechanik, Hydraulik, Architektur, Militärtechnik und des Bauwesens. Er betrieb experimentelle Studien und Beobachtungen in jedem Zweig der theoretischen oder angewandten Wissenschaft. Komposition und Rezitation von Sagen, Fabeln und Prophezeiungen (d. h. moralischen und sozialen, im Futurum formulierten Satiren und Allegorien) liebte er ebenso wie das Studium der Natur. Berühmte Werke dieses Künstlers sind *Das letzte Abendmahl* und *Das Lächeln der Mona Lisa*. Auch seine Zeichnungen über mechanische Erfindungen sind weltberühmt. Leonardo da Vinci galt als überaus charmant und war in seiner Lebensweise ein Genie. Er schrieb mit beiden Händen und in beide Richtungen. Darüber hinaus verfasste er viele seiner Schriften in Spiegelschrift.

Nach den Geschichten der oben beschriebenen Gelehrten wollte ich auch hier einen Beweis dafür finden, dass Leonardo möglicherweise einen Kristallschädel besessen hat oder zumindest Parallelen aufzeigen, die den Rückschluss darauf zulassen. Die Gemeinsamkeit aller vorher beschriebenen Gelehrten und Leonardos ist wohl das Studium und die Entwicklung optischer Möglichkeiten. Alle hatten an der Entwicklung einer Technik gearbeitet, mit der es möglich werden sollte, lebendige Bilder einzufangen und zu konservieren. Die Studien zur Optik vertiefte Leonardo wie kein anderer. Seine Gabe, die Natur zu beobachten und alles in optische Fragmente zu unterteilen, wird in seiner Malkunst deutlich. Kein anderer Künstler vermochte es, Licht und Schatten so meisterhaft darzustellen wie der begnadete Künstler und Wissenschaftler. Er führte bahnbrechende Techniken ein, die bis heute noch rätselhaft erscheinen. Vergeblich bemüht man sich zum Beispiel, auf seinen Bildern Pinselspuren zu entdecken. Die Bilder sind wie aus mineralischen Farbpigmenten auf die Leinwand gehaucht und erinnern in ihrer Ausführung an hochmoderne Airbrushtechnik. Mit genauen anatomischen Studien und Zeichnungen verblüffte er die Menschen damals wie heute. Seine Maschinen und Erfindungen sind Zeichen seines Genius.

Wie schon gesagt arbeiteten Roger Bacon, Albertus Magnus und auch Leonardo da Vinci an einer Erfindung, die sie Camera Obscura nannten. Diese war die erste Vorstufe des heutigen Fotoapparates. Leonardo suchte ebenso wie die anderen Gelehrten nach einer Möglichkeit, perfekte Abbildungen seiner Umwelt herzustellen. Warum ihm dies so wichtig war, könnte man damit erklären, dass er seine Visionen durch den Kristallschädel unbedingt konservieren wollte. Seine technischen Entwicklungen der Flugmaschine sowie vieler anderer Erfindungen, die noch heute zeitgemäß erscheinen, könnten schon durch sich selbst einen Beleg für einen Blick in die Zukunft geben. Doch bleiben wir erst einmal bei Leonardo und seiner Methode, Bilder der Realität perfekt abzubilden. Er untersuchte den Strahlengang der Camera Obscura und stellte fest, dass dieses Prinzip in der Natur beim Auge wiederzufinden ist. Mit dieser Technik wurde die Funktion des Auges als eine Art Lochkamera belegt. Erste Erwähnungen der Camera Obscura finden wir auch noch in anderen Schriften von bekannten Gelehrten.

Das Wunderding des Mittelalters – die Camera Obscura

Die Camera Obscura (lat. camera = »Gewölbe«, obscura = »dunkel«) ist ein dunkler Raum, in welchen durch ein kleines Loch Licht einfallen kann. In dem Loch kann eine Quarzlinse eingesetzt sein, um eine höhere Vergrößerung zu erzielen. Durch den einfallenden Sonnenstrahl wird ein Objekt oder eine Landschaft, die sich außerhalb des Raumes befindet, innerhalb des dunklen Raumes auf dem Kopf stehend abgebildet. Das so entstandene Bild kann entweder betrachtet oder mit lichtempfindlichen Materialien »fotografiert« werden. Diese Art der Technik wurde im Mittelalter in einigen Festungen zur Verteidigung und Beobachtung der umliegenden Gegend eingesetzt. Niemand, der außen stand, konnte ahnen, dass eine Beobachtung über das optische Phänomen der Camera Obscura möglich war. Das Prinzip erkannte bereits Aristoteles (384–332 v. Chr.) im vierten Jahrhundert vor Christus.

In der apokryphen Schrift *Problemata physica* wurde zum ersten Mal die Erzeugung eines auf dem Kopf stehenden Bildes beschrieben, wenn das Licht durch ein kleines Loch in einen dunklen Raum fällt. Erste Versuche mit einer Lochkamera hatte der Araber Alhazen bereits um 980 angestellt. Vom Ende des 13. Jahrhunderts an wurde die Camera Obscura von Astronomen zur Beobachtung von Sonnenflecken und Sonnenfinsternissen eingesetzt, um nicht mit bloßem Auge in das helle Licht der Sonne blicken zu müssen.

Chronologische Übersicht der Erwähnung der Camera Obscura:

Im vierten Jahrhundert vor Christus beobachtet **Aristoteles (384–322 v. Chr.)**, während einer Sonnenfinsternis unter einem Baum sitzend, dass die kleinen Lücken zwischen den Blättern jeweils ein spiegelverkehrtes Abbild der Sonnensichel auf den Boden projizieren. In dem Werk *Problemata physica* beschreibt er diese Erscheinung und erkennt, dass Licht von der Sonne zum Loch und von diesem zur Erde einen Doppelkegel bildet und deshalb die Sonnensicheln verkehrt herum abgebildet werden. Damit beschreibt Aristoteles das Grundprinzip der Camera Obscura. Auch die Beobachtung, dass *»die Sonne, wenn sie durch viereckige Gebilde dringt, nicht rechteckig gebildete Formen, sondern Kreise [erzeugt], wie z. B. wenn sie durch Flechtwerk dringt«*, wird hinterfragt, ohne indes eine zufriedenstellende Erklärung dafür zu finden.

In China ist es **MoTzu (470–391 v. Chr.)**, der diese Phänomene beschreibt und erklärt. MoTzu (geboren als MoTi) ist sich darüber im Klaren, dass Objekte Licht in alle Richtungen reflektieren und dass Strahlen von der Spitze eines Objektes den unteren Teil eines Bildes hervorrufen, wenn sie durch eine Öffnung hindurchgehen. Er beschreibt, wie Lichtstrahlen, die durch ein schmales Loch dringen, auf einer gegenüberliegenden Wand ein Abbild erzeugen können, das den Objekten vor dem Loch entspricht. Auch stellt er tiefgründige Überlegungen zur Natur der Schatten an, wobei er realisiert, dass sie ihre Form deswegen erhalten, weil sich Licht geradlinig ausbreitet. Damit formuliert er das erste überlieferte Gesetz zur Optik. MoTzu ist in der Lage, daraus eine weitere Gesetzmäßigkeit abzuleiten, die erklärt, warum die Bilder, welche entstehen, wenn Licht durch eine kleine Öffnung in einen abgedunkelten Raum fällt, umgekehrt erscheinen, d. h. er ist der Forscher, der die

Rolle der Blendenöffnung bei der Bildentstehung entdeckt, die er als Sammelplatz (»collecting place«) bezeichnet.

Euklid (325–265 v. Chr.) zeigt in seinen Arbeiten zur Geometrie und Optik, dass er die geradlinige Ausbreitung des Lichts verstanden hat. Er behandelt Ideen zur binokularen Sicht. Zwei Kopien seiner Arbeit überdauern die Zeit und als sie **1573** übersetzt und mit Kommentaren veröffentlicht werden, fügt **Egnacio Danti** seine Beschreibung der Camera Obscura hinzu, um zu zeigen, wie Euklid zu seinen Schlussfolgerungen gelangt ist.

Im *Shih Chi* und *Chien Han Shu* aus der **Han-Periode** ist das Schattenspiel des Magiers **Shao Ong** dokumentiert, der **121 v. Chr.** vor dem Kaiser Wu den Geist einer toten Konkubine erscheinen lässt. Solche Schattenspiele finden in der Folge in China und im asiatischen Raum weite Verbreitung.

Lukretius (98–55 v. Chr.) bezieht sich in seinem Werk *De Rerum Natura* aus dem Jahre 60 v. Chr. auf eine Lichtbildschau oder ein Traumbild in poetischer Form.

Ungefähr **125 n. Chr.** erscheint in Alexandria *De Speculis* von **Heron**, das älteste überlieferte griechische Werk über Spiegel – die plane, konvexe und konkave Form aufweisen. In *Caoptrica* formuliert Heron das Gesetz, dass Ein- und Ausfallwinkel gleich sind. In *Automatopoietkes* schreibt er über Phantomspiegel und Spiegelschrift.

Claudius Ptolemäus (127–145) setzt in Alexandria die Arbeiten von Heron und Euklid fort und ist der Erste, der über Lichtbrechung schreibt, vermutlich, weil mittlerweile klares Glas verfügbar ist. Sein *Almagest* erscheint im Jahre 140.

180 benutzt **Ting Huan** eine Lampe, um Tiere und andere Wesen sichtbar zu machen, die sich in der aufsteigenden Warmluft zu bewegen scheinen. Seine »Pfeife, die Phantasien sichtbar werden lässt«, ist die erste Beschreibung der Kombination aus Beleuchtung und Bewegung. **Tuan Cheng Shih (800–1000)** erwähnt Bilder in einer Pagode, **Yu Chao-Lung** benutzt im **10. Jahrhundert** Modellpagoden, um Lochkamerabilder auf einen Schirm zu projizieren, ohne jedoch Theorien zur Bildentstehung aus diesen Experimenten und Beobachtungen abzuleiten.

Zunächst in Basra und später in Alexandria sowie Kairo lebt und arbeitet der geniale Mathematiker, Optiker und Astronom **Abu Ali al Hasan Ibn al-Heitham (965–1039)**, auch unter dem Namen Alhazen bekannt. Er führt ein Experiment mit drei Laternen durch, deren Strahlen durch eine kleine Maueröffnung auf die Innenwand eines abgedunkelten Raumes projiziert werden. Durch diesen Versuch beweist er die Linearität der Lichtausbreitung und erkennt, dass beim Sehvorgang Licht ins Auge reflektiert wird. Er realisiert auch, dass die Lochöffnung sehr klein sein muss, um eine scharfe Abbildung zu erzielen. Er verfügt über Kenntnisse des Einflusses von konkaven sowie konvexen Linsen und Spiegeln auf die Bildentstehung. Alhazen ist es auch, der mit dieser Methode, wahrscheinlich mittels Zelt, exakte Sternenkarten herstellt. Zwischen 1015 und 1021 arbeitet er an seinem großen Werk über Optik, in dem die Funktionsweise des Auges erstmalig mit der einer Kamera verglichen wird. Es wird angenommen, dass Abu Ali Alhazen die Schriften von Aristoteles kannte. 1270 wird Alhazens Buch ins Lateinische übersetzt, wodurch sein Wissen das westliche Europa erreichen kann.

Wir sehen also, dass Roger Bacon, Albertus Magnus und auch Leonardo da Vinci die Wichtigkeit des optischen Phänomens der Camera Obscura erkannten und fortführten.

Nun, wie kann man aber diese Technik in Zusammenhang mit den Kristallschädeln stellen? Der bekannteste Kristallschädel, welcher von F. A. Mitchell-Hedges gefunden worden war, hatte sich durch seine besonderen optischen Fähigkeiten ausgezeichnet. Es war Dorland in seinem Versuch bei *Hewlett-Packard* aufgefallen, dass der Kristallschädel das Licht einer Kerze durch die Augen reflektierte, wenn diese unterhalb des Schädels positioniert wurde. Beim flackernden Schein eines Kamins war er auf dieses Phänomen gestoßen. Er machte genaue Zeichnungen von eingeschliffenen Prismen, die auf der Unterseite des Schädels zu finden sind, und über die das Licht in einem bestimmten Winkel durch den Kristallschädel gebrochen wird. Wie wir wissen, können Wellen jeglicher Art Daten transportieren. Bei Radiowellen handelt es sich zum Beispiel um eine Methode, bei der auf die elektromagnetische Welle Töne aufgelagert und transportiert werden können. Ebenso können auch Lichtwellen Daten transportieren. Neuerliche Untersuchungen eines Münchener Forscherteams bestanden darin, Informationen auf Photonenwellen aufzulagern und sie durch den Raum auf den Kanarischen Inseln von Insel zu Insel zu transportieren. Deshalb ist es durchaus vorstellbar, dass die Daten, die möglicherweise in den alten Kristallschädeln gespeichert sind, durch Lichtwellen transportiert werden – und irgendwie müssen sie abrufbar und als Bild sichtbar gemacht werden können. Vielleicht nur unter besonderen astronomischen Bedingungen, die die Gelehrten der damaligen Zeit in- und auswendig kannten.

Für mich war es ebenso interessant und notwendig, mir die optischen Möglichkeiten der damaligen Zeit anzuschauen, um festzustellen, ob Leonardo wirklich in der Lage gewesen sein könnte, Informationen aus einem Kristallschädel abzufragen und diese fotografisch vielleicht sogar in Form von Kartenmaterial festzuhalten. Hierbei könnte der Kristallschädel als eine Art Computer gedient haben, der seine Informationen durch die Camera Obscura wie auf eine Art Monitor projizieren konnte. Vor allem muss man sich fragen, ob Leonardo in dieser Zeit zu solchen qualifizierten Versuchen überhaupt in der Lage war. Hier stießen wir im Rahmen unseres Besuchs im Vatikan auf einen sehr wichtigen Hinweis. Bei der Vorstellung unserer Untersuchungsmethode an Reliquien bei der Kardinalpräfektur der Kongregation des Klerus bei Claudio Hummes erfuhren wir von Pater Fox von neuerlichen Untersuchungen an dem Turiner Grabtuch. Das Turiner Grabtuch ist eine der wichtigsten und zugleich umstrittensten Reliquien der katholischen Kirche.

Das Turiner Grabtuch ist ein 4,36 Meter langes und 1,10 Meter breites Leinentuch, das ein Ganzkörperbildnis der Vorder- und Rückseite eines Menschen zeigt. Es soll angeblich das Tuch sein, in dem Jesus von Nazareth nach der Kreuzigung begraben wurde. Die Echtheit der Reliquie ist seit der dokumentierten Ersterwähnung des Tuches umstritten. Eine Radiokohlenstoffdatierung aus dem Jahre 1988 deutet auf einen mittelalterlichen Ursprung hin. Die Abbildung des Menschen auf dem aus Leinen gefertigten Stoff weist einige Besonderheiten auf. Der Leinenstoff selbst ist in einem Fischgrätenmuster gewebt und durch Brandflecken an manchen Stellen deutlich beschädigt. Die meistdiskutierte Frage der Echtheit des Bildes ist auf ein paar Eigenschaften hin mehrfach von Spezialisten untersucht worden. Mit der herkömmlichen C14-Methode konnte das Alter des Leinenmaterials auf 1260–1390 datiert werden. Bei den Untersuchungen des Tuchs durch Spezialisten stellte sich ebenfalls heraus, dass das Abbild besondere Negativ-Merkmale zeigte. Wie ein Fotonegativ stellt es das fast fotografische Abbild des Mannes dar, der angeblich Jesus von Nazareth gewesen sein soll. Nach anderen Recherchen und Analysen englischer Wissenschaftler (Picknet/ Clive) kann die kunstvolle Herstellung einer Fälschung nicht ausgeschlossen werden. Sie glauben sogar, den Fälscher selbst anhand seines Malstils erkannt zu haben. Das Bild weist einige Fehler auf, die in der Recherche wichtig erscheinen. Nach anatomischen Erkenntnissen ist der abgebildete Mensch deutlich größer als ein Mensch der damaligen Zeit. Auch stimmen die Proportionen insofern nicht, als die Rückseite der Darstellung größer ist als die Vorderseite und der Kopf im Körperverhältnis zu klein erscheint und zu tief auf den Schultern sitzt. Alles spricht also für eine Fälschung der Abbildung des Menschen, der Jesus von Nazareth darstellen soll. Das Autorenteam Picknet und Prince glaubt, dass es sich um eine Fälschung Leonardo da Vincis handelt, der ihrer Meinung nach als Einziger die wissenschaftlichen Voraussetzungen und den Genius für die Fälschungen eines Objektes dieser Art in der Vergangenheit haben soll. Sie glauben, auch in der Abbildung selbst eine Art Selbstportrait Leonardo da Vincis erkannt zu haben. Die verblüffende Ähnlichkeit des Gesichtes, welches auf dem Grabtuch dargestellt ist, mit einem Selbstportrait Leonardo da Vincis scheint diese Aussage zu erhärten. Die Erklärung, dass Leonardo unter Verwendung von optischen und chemischen Hilfsmitteln eine Art Fotografie herstellte, die sich auf das Leinen einbrannte, wird mit der Technik der Camera Obscura erklärt. Der Verbindungspunkt zwischen der Alchemie und da Vinci ist die Art, wie er das Turiner Grabtuch schuf. Denn wenn man sich die Herstellungsbeschreibung des Steines der Weisen ansieht und mit der Herstellung des Grabtuches vergleicht, so entdeckt man, dass das Turiner Grabtuch nach derselben Regel hergestellt worden ist.

Der Stein der Weisen (auch: *Lapis philosophorum*, *Philosophicum*, *Ultima materia*)

Seine Herstellung aus der Ausgangsmaterie (*Materia prima*) ist das Meisterstück (*Magisterium*) der Alchemie. Angeblich sollen auf materielle Vorteile bedachte Alchemisten versucht haben, den Stein der Weisen zu finden oder herzustellen, um mit seiner Hilfe unedle Metalle in Gold zu verwandeln oder um ein Elixier herzustellen, das unsterblich machen soll. Dieser

Verwandlungsprozess von der *Materia prima* zum **Lapis** vollzieht sich in mehreren aufeinander folgenden Stufen. Beschrieben worden sein sollen die Stufen dieser Wandlung zuerst auf der *Tabula Smaragdina.*

Die Stufen der Herstellung des Steins der Weisen sind nach den gängigen Darstellungen:

I.
Die Solution oder Liquefaktion (lat. »Auflösung«, »Verflüssigung«), bei der der Ausgangsstoff *materia prima* zu einem »Merkurialwasser« verflüssigt bzw. darin aufgelöst wird.

II.
Die Schwärzung (*Nigredo*), der Abstieg in niedere Sphären durch Vergraben im »Bauch der Erde«, wobei die Materie sich schwärzt, symbolisiert durch den Raben, und verfault (Putrefaktion), wie ein Leichnam im Grab, der zur Mutter Erde zurückkehrt.

III.
Nach dieser Phase der Schwärzung wird die Aufhellung (Albedo) angestrebt, symbolisch verwandelt sich der schwarze Rabe nun in eine weiße Taube.

IV.
Bei diesen Prozessen ging durch Verdunstung Geist verloren. Um ihn der Materie zurückzugeben, wird diese mit »philosophischer Milch« *lacta philosophica* genährt, wodurch bei Gelingen eine Citrinitas genannte Gelbfärbung des Stoffes eintritt. Andernfalls zeigt sich das Scheitern als *cauda pavonis*, als der »vielfarbige Pfauenschwanz«.

V.
Im Folgenden färbt sich bei günstigem Verlauf die Materie rot. In dieser Phase der Rötung streitet die Materie als roter Drache gegen sich selbst und verwandelt sich in Blut, woran der Alchemist die erfolgreiche Reduktion erkennt.

VI.
Nun gilt es durch Coagulation (Fixation) den Geist zu verdichten, um in der

VII.
Stufe den ***Lapis philosophorum***, den **Stein der Weisen**, geschaffen zu haben.

(Die hier wiedergegebene Darstellung basiert weitgehend auf Biedermann, *Lexikon der magischen Künste*, S. 407.)

Beim Studium der Erklärung fiel es mir wie Schuppen von den Augen, dass Leonardo da Vinci die Abbildung des gekreuzigten Jesu auf dem Turiner Grabtuch wohl nach dem gleichen Prinzip gefertigt hatte.

Leonardo da Vincis Methode der alchemistischen Herstellung des Turiner Grabtuches:

I. Die Solution oder Liquefaktion
Grabtuch: Die Lösung von Silbernitrat in Wasser, in dem er das Leinentuch einweichte.

II.
Die Schwärzung (*Nigredo*), wobei die Materie sich schwärzt, symbolisiert durch den Raben, und verfault (Putrefaktion), wie ein Leichnam im Grab.

Grabtuch: Das Silbernitrat schwärzt sich partiell auf dem Leinentuch und soll den Leichnam Jesu durch die Verwendung der Camera Obscura abbilden.

III.

Nach dieser Phase der Schwärzung wird die Aufhellung (Albedo) angestrebt, symbolisch verwandelt sich der schwarze Rabe nun in eine weiße Taube.

Grabtuch: Hinweis auf die Negativdarstellung des Abbildes von Jesus von Nazareth auf dem Turiner Grabtuch.

IV.

Das Gelingen des Vorgangs zeigt eine Citrinitas genannte Gelbfärbung des Stoffes.

Grabtuch: Der Stoff beginnt sich durch den Prozess der chemischen Veränderung des Silbernitrats durch Lichteinfluss gelb zu verfärben.

V.

Im Folgenden färbt sich bei günstigem Verlauf die Materie rot. In dieser Phase der Rötung streitet die Materie als roter Drache gegen sich selbst und verwandelt sich in Blut, woran der Alchemist die erfolgreiche Reduktion erkennt.

Grabtuch: Der Stoff wird an den Stellen, an denen das Abbild Jesu die Wundmale der Kreuzigung zeigt, durch chemische Stoffe blutrot gefärbt.

VI.

Coagulation (Fixation)

Grabtuch: Fixierung des Abbildes oder der Fotografie durch Bienenwachs.

VII.
Stufe des *Lapis philosophorum*, den Stein der Weisen geschaffen zu haben.
Grabtuch: Leonardo hat das Abbild von Jesus von Nazareth auf das Leinen durch alchemistische Prozesse projiziert und somit seine Arbeit und das Turiner Grabtuch durch seine Besonderheit unsterblich gemacht.

Das ist der Beweis, dass Leonardo da Vinci das Turiner Grabtuch durchaus nach den Regeln der Alchemie hergestellt haben kann. Und der Stein der Weisen, der ja auch mit dem Kristallschädel gleichgesetzt werden kann, da er der Stein ist, der das kosmische Wissen des Universums enthält – wie entsteht er in der Erde? Bergkristall ist nach der Vorstellung der Weisen und Gelehrten gefrorenes Wasser, das erst im Dunkel der Erde Hitze ausgesetzt wird und dann zu einem Kristall heranwächst. Nach genau jenen alchemistischen Regeln könnte man den Wachstumsprozess des Kristalls in der Erde oder möglicherweise die Herstellungsart des Kristallschädels erklären.

Leonardo da Vinci erfüllte also durchaus die technischen Vorraussetzungen, um Bilder aus einem Datenspeicher auf Kristall abzufragen und sie dann auf Papier zu brennen und zu konservieren. Bei den anatomischen Studien des Menschen, die von Leonardo da Vinci durchgeführt wurden, bin ich auch auf seine perfekten Schädelzeichnungen gestoßen. Er hat sich sehr viel mit den Winkeln und einfallenden Lichtströmen des Auges und der verschiedenen Winkel im Schädel selbst beschäftigt.

Dies belegen unzählige Ansammlungen an Skizzen und Ausführungen in seinen Notizbüchern. Dabei erinnerte ich mich auch an die Untersuchungen an dem Kristallschädel von Anna Mitchell-Hedges, der ja diese besonderen Lichtbrechungsmerkmale aufweist. Meine Theorie ist, dass man den Kristallschädel unter bestimmten Lichtbedingungen wie eine Art Camera Obscura zur Ausstrahlung von Bildern bewegen kann, wenn man die richtigen Beleuchtungswinkel kennt. Auch bin ich davon überzeugt, dass nur die Kristallschädel mit einer besonderen Energie oder Information dazu geeignet sind. Das heißt, es können nur die alten und nicht kopierten Schädel der Bundeslade oder des Heiligen Grals für diese Art der Hologramm- oder Bildererzeugung genutzt werden. Die modern hergestellten Kristallschädel sind hierzu nicht zu gebrauchen, denn es muss wohl eine hohe Kunst und Technik vorausgesetzt werden, dass die Kristallschädel mit derart phänomenalen Eigenschaften ausgestattet werden können.

Kommen wir auf die Lebensumstände von Leonardo da Vinci zurück. Durch seine Malkunst und durch sein Genie hatte er guten Kontakt zu den Königen Frankreichs und zu den Päpsten der damaligen Zeit. Er verdiente sich das Geld für seine Wissenschaften durch die Vielzahl seiner bildhauerischen und malerischen Arbeiten. Ich glaube, dass Leonardo da Vinci als Genie und Meister der Wissenschaften mit Sicherheit über das französische Königshaus oder auch über seine Arbeit mit den Obersten der Katholischen Kirche zusammentraf. Dabei muss ihm angeboten worden sein, die alten Unterlagen von Albertus Magnus einzusehen. Seine Forschungen an der Camera Obscura mussten ihn auf eine Spur gebracht haben. Dabei stieß er vermutlich auch auf einen Kristallschädel. Er wollte natürlich dieses geheime Ding, welches schon von Papst Silvester II. verwendet worden war, untersuchen. Der damals amtierende Papst könnte sich aber davor gefürchtet haben, dass Leonardo und der französische König, die miteinander besser standen, zu mächtig wurden. Deshalb vereinbarten sie möglicherweise einen gemeinsamen Handel, der in aller Interesse liegen sollte. Mit der Anfertigung einer Reliquie wie dem Turiner Grabtuch konnte der Kirche eine Art Superreliquie übergeben werden, die lange ihre Machtstellung sichern sollte. Der Beweis, dass Jesus am Kreuz gestorben war, legitimierte das Verhalten und die Stellung der Kirche. Das Grabtuch blieb als Sicherheit im Besitz der Savoyer und somit des französischen Königshauses, ebenso wie das einzige Selbstbildnis von Leonardo da Vinci, welches belegen konnte, dass er der Schöpfer des Turiner Grabtuches war. Als Gegenleistung durfte da Vinci möglicherweise den Kristallschädel behalten, um ihn für seine Studien zu verwenden. Dies ist eine durchaus schlüssige Erklärung dafür, dass der eigentlich sehr gottgläubige, aber dennoch kirchenketzerische Leonardo da Vinci sich zu so einer Fälschung überreden ließ. Ist es möglich, dass er bei seinen Studien in der Bibliothek des Papstes auf alte Karten und möglicherweise auf einen Kristallschädel stieß, den er gerne für seine Studien verwenden wollte? Ein solch funkelnder und blitzender, anatomisch perfekt geformter Schädel aus Kristall muss ein Faszinosum für ihn gewesen sein. Kann es sein, dass er im Tausch gegen den Kristallschädel als eine Art Bezahlung die Superreliquie Turiner Grabtuch fertigte, um den Kristallschädel zu behalten?

Da Vinci muss auch Unterlagen über Papst Silvester gefunden haben, der sich ja einer Technik bediente, die er aus arabischen Schriften entnahm, um den Schädel zu nutzen. Mit Sicherheit fand er Beschreibungen und Anleitungen, den Schädel zu befragen, und ich bin sicher, ein Freigeist wie da Vinci wollte dieses Mysterium lösen und für seine Studien verwenden. Auch er studierte die Lehren des Aristoteles und wie alle anderen Gelehrten und Persönlichkeiten, die wir beschrieben haben, nutzte er optische Techniken, um seine Studien zu vervollkommnen. Ich bin der Ansicht, dass es mithilfe der Winkelbeschreibungen und der astronomischen Sternenkonstellationen, die Aristoteles beschreibt, möglich ist, die Kristallschädel sprechen zu lassen. Ich glaube, dass Leonardo die Winkel genau kannte. Er kannte die astronomischen Bedingungen, und ich glaube, mittels der Camera Obscura ist es möglich, die Kristallschädel zum Bilderproduzieren zu bewegen. So wie es Albertus Magnus in seiner Abhandlung über Steine beschrieben hat. Weiterblickend ist es kaum vorstellbar, welches Potential sich in dieser Erkenntnis verbirgt. Sollten alle 13 Kristallschädel zusammentreffen und sollten sie unter bestimmten Sternenkonstellationen mithilfe der Camera Obscura abgefragt werden, dann könnte unvorstellbares Wissen in die Hände der Menschen gelangen. Alle Probleme bezüglich der Energieversorgung und der damit verbundenen Verschmutzung der Erde wären plötzlich vollständig lösbar.

Da Vinci machte Erfindungen, von denen wir heute

noch profitieren. Unvorstellbar, was wir erfahren würden, wenn wir mit diesem System die 13 Kristallschädel aktivieren könnten.

Was geschah nach seinem Tod mit dem Schädel und wer verwendete ihn möglicherweise weiter?

Die Spur führt zu Nostradamus und den Prophezeiungen

Leonardo da Vinci starb in den Armen des Königs Franz I. im Jahre 1519. In den letzten Jahren seines Lebens lernte er mit ziemlich großer Sicherheit seinen Nachfolger kennen, der den Kristallschädel weiterverwendet haben könnte. Die Schwester von König Franz I. war Margarete Navarra, eine großzügige Mäzenin und Gönnerin einiger Intellektueller und Studenten. Sie unterstützte auch François Rabelais, den besten Freund von Michel Nostradamus.

Michel Nostradamus, der berühmte Seher, wurde am 14. Dezember 1503 in Saint-Remy-de-Provence (südöstlich von Avignon) geboren. Er wurde hauptsächlich von seinem Urgroßvater Jean de Saint-Remy aufgezogen und unterrichtet. Seine Großväter Jean de Saint-Remy und Pierre de Nostredame sollen die Leibärzte des Königs René von Neapel, Sizilien und Jerusalem, Herzog von Lothringen und Kalabrien gewesen sein. Damit stellt sich heraus, dass seine Familie schon immer Kontakte zum Hause Lothringen pflegte. Von seinem Urgroßvater Jean de Saint-Remy lernte er verschiedene Sprachen, Mathematik und Astrologie.

Als Nostradamus 15 Jahre alt ist, stirbt sein Großvater (1518) und er zieht zu seiner Tante Margarete, die in Avignon lebt. Er beginnt dort die Studien der sieben Künste (Grammatik, Rhetorik, Logik, Arithmetik, Geometrie, Musik und Astronomie). Es ist sehr wahrscheinlich, dass er auch über die Kontakte seines Großvaters noch Leonardo da Vinci bei König Franz I. persönlich kennen lernte, denn dieser verstarb erst 1519. Dass er Kontakt zum französischen König hatte, wird dadurch belegt, dass sein bester Freund François Rabelais von der Schwester des Königs finanziert wurde. Zudem ist in dem Buch *Der Heilige Gral und seine Erben* (Lincoln, Baigent, Leigh) belegt, dass Nostradamus als Geheimagent für Franz I. und seinen Bruder Karl, Kardinal von Lothringen, tätig war (Seite 138, im Anhang Kapitel 7 * 6). Er verdingte sich als Hofastrologe des französischen Hofes. Es ist also durchaus möglich, dass der Urgroßvater von Nostradamus sogar der Leibarzt von Leonardo da Vinci selbst war. In *Der Gral und seine Erben* schreiben die Autoren, dass Nostradamus ein altes mysteriöses Buch vorgelegt worden sein soll, das ihm in späteren Jahren als Grundlage für seine Arbeit diente. Seine Prophezeiungen sollen sich auch auf die Vergangenheit der Templer und der Merowinger bezogen haben. Ich bin der Meinung, es könnte sich hierbei aber auch um einen Kristallschädel gehandelt haben. Die Prophezeiungen von Michel Nostradamus sind mit ihrer Treffsicherheit heute noch beeindruckend und immer noch zeitgemäß. Unglaublich sind zum Beispiel die Vorhersagen Hitler betreffend und viele andere wichtige Prophezeiungen, welche tatsächlich eingetroffen sind.

Der Schluss liegt sehr nahe, dass Nostradamus ebenfalls einen Kristallschädel besaß, den er nach Leonardo da Vincis Tod übernahm. 1566 starb Nostradamus, der am Ende seines Lebens der Leibarzt hochgestellter Persönlichkeiten war. Der Herzog von Savoyen und Katherina di Medici, die ab 1547 Königin von Frankreich war, sowie König Heinrich II. waren seine Patienten. Nach zeitgenössischen Angaben und Spekulationen soll Nostradamus seinen Kristallschädel in Frankreich vergraben haben. Vielleicht fürchtete er darum, dass dieses wunderbare Mittel der Zukunftsschau in falsche Hände geraten könnte. Beim Verfassen seiner berühmten Centurien hat Nostradamus im Übrigen einen Code verwendet, der bis heute nicht zu entschlüsseln ist. Er fürchtete die Zensur der Kirche. Spekulationen gehen davon aus, dass die Kristallschädel, welche Daten und Informationen trugen, zum Teil heute im Vatikan verschwunden sind, oder sich im Privatbesitz einiger heutiger Nachfahren der Templer befinden. Sollte irgendjemand in der Lage gewesen sein, Aufzeichnungen einzusehen, die Bilder und Visionen aus dem Kristallschädel darstellen, so könnte derjenige auch im Besitz von wertvollem Kartenmaterial gewesen sein, auf dem durchaus Lagepläne versunkener Städte, geheimer Tempel oder besonderer Artefakte verzeichnet sind.

John Dee und die prophetischen Steine

Um die Gelehrten, die in möglichem Zusammenhang mit dem Stein der Weisen gestanden haben, zu komplettieren, muss man sich auch mit John Dee befassen. John Dee lebte von 1527 bis 1608. Er schrieb einige Manuskripte Roger Bacons ab und verwendete die gleiche Wissenskette, die wir schon vorher beschrieben haben. Mit denselben Studien der Schriften und Belege von Aristoteles bis Roger Bacon eignete er sich esoterisches und magisches Wissen an. John Dee arbeitete ein System aus henochschen Buchstaben und verschiedenen Symbolen aus und verwendete Steine für mediale Sitzungen. Er arbeitete mit einem Medium zusammen, Edward Kelly, den er 1581 traf. Die beiden verwendeten alchemistische Geräte, die John Dee auf dem Wissen der antiken Gelehrten basierend selbst gebaut hatte. Nur ein Teil seiner Manuskripte und Unterlagen ist noch erhalten. Zu den Requisiten des Materials, welches John Dee für die Sitzungen verwendete, gehörten eine Bergkristallkugel, eine Goldplatte, vier Wachsplatten mit Symbolen und Schriftzeichen sowie ein Obsidianspiegel. Bis auf zwei Wachstafeln befinden sich diese Gegenstände heute im Britischen Museum. John Dee wurde durch seine Prophezeiungen berühmt, die er mithilfe des Mediums Edward Kelly durchführte. Da aber nur Teile seiner Ausrüstung erhalten geblieben sind, wissen wir nicht, ob sich darunter auch ein Kristallschädel befunden hat. Dennoch finde ich es sehr wichtig zu beachten, dass John Dee das Schlüsselsystem einer Engelssprache verwendete, von der wir schon in Zusammenhang mit den Templern und dem Araber Al Hazred gehört haben.

Ein Teil der Unterlagen und Manuskripte von John Dee ist im sogenannten Cotton-Manuskript enthalten. Der Name geht auf den Antiquar Sir Robert Cotton zurück, der die Manuskripte an das Britische Museum verkaufte. Interessant ist auch, dass John Dee für das britische Militär arbeitete. Möglicherweise benutzte er für seine medialen Sitzungen in der Öffentlichkeit eine Kristallkugel. Dee hatte darüber hinaus enge Verbindungen mit Sir Françis Walsingham, dem Begründer des *British Secret Services*. Dee galt als der »Intelligente der Königin«. Arbeitete er womöglich mit der Königin bzw. mit ihrem Umfeld so eng zusammen, weil man seine Fähigkeiten nutzte, aus einem Kristallschädel zu lesen?

Dee hatte Kontakt zu Engeln, wie er es nannte, die ihm Informationen in der Sprache des Enochs übermittelten. Mithilfe seines Systems konnten diese Antworten der Engel durch die Aneinanderreihung der enochschen Buchstaben entschlüsselt werden. Man sagt, dass das britische Königshaus sich damit einen Vorteil während des Kampfes mit der spanischen Armada verschaffte.

Interessant sind die Parallelen zur Moderne: In den Jahren 1972 bis 1995 hatte das US-Militär, angeleitet durch John Dees Kristallkugelsystem, ein Projekt durchgeführt, welches Menschen mit medialen Fähigkeiten für den Spionagedienst einsetzte. Wie wir wissen, arbeitete F. A. Mitchell-Hedges auch als Spion. Als Brite konnte er Kontakte zum britischen Geheimdienst wie auch zum amerikanischen CIA unterhalten. Seine Rolle als Doppelagent ist in den Film *Indiana Jones* genauso eingeflossen, wie seine berühmten Ausgrabungen. Hat er vielleicht seinen Kristallschädel verwendet, um den jeweils betroffenen Parteien strategische Vorteile zu verschaffen? Das häufige Treffen der Präsidenten im Haus von F. A. Mitchell-Hegdes soll sich um die Zeit vor dem

Zweiten Weltkrieg deutlich verstärkt haben, so weiß es Anna Mitchell-Hedges zu berichten.

Doch bleiben wir bei John Dee. Das Britische Museum führte mehrere ausführliche Untersuchungen an John Dees Obsidianspiegel durch, der von den Azteken stammt. Cortez höchst persönlich hatte ihn aus Zentralamerika mitgebracht. Ist es ein Zufall, dass zwei so wichtige und bedeutungsvolle Fundstücke im Britischen Museum aufbewahrt werden? Ein Kristallschädel und ein Obsidianspiegel der Azteken? In einer Untersuchung, die Anna Mitchell-Hedges im Britischen Museum durchführen ließ – hierüber existiert sogar eine Filmdokumentation –, wurde der Kristallschädel vermessen und gewogen. Mehr sieht man in dem Film nicht. Man kann aber erkennen, wie Anna Mitchell-Hedges vom Flughafen abgeholt wird. Sie fährt in einem gewöhnlichen Fahrzeug, der Kristallschädel jedoch wird mit einem Panzerwagen transportiert. Der Schutzpolizist ist mit kugelsicherer Weste ausgestattet und der Transport wirkt so, als würde hier eine gefährliche Waffe und nicht ein Bergkristallschädel transportiert werden. Den Film findet man im Internet übrigens unter *http://youtube.com/watch?v=OwrGQuFyRDQ*.

Am Ende des Berichtes wird der Kristallschädel als Fälschung dargestellt. Aber das kennen wir ja schon.

Bei meinen Untersuchungen am Kristallschädel sind mir zwei winzige Bohrlöcher aufgefallen, die man auf der Unterseite des Kristallschädels findet. Weder Dorland noch *Hewlett-Packard* beschreiben diese Bohrungen. Auch in der Vergleichsstudie des britischen Schädels und des Mitchell-Hedges-Kristallschädels werden diese

Bohrlöcher nicht erwähnt. Sie sehen aber hochmodern aus und mir kam der Gedanke, ob nicht der Geheimdienst eine Materialprobe entnommen haben könnte. Interessant ist jedenfalls, dass noch niemand über diese Bohrungen nachgedacht hat. Auf der Mitchell-Hedges-Website finden wir nur einen Hinweis, dass diese Bohrungen möglicherweise zum Festhalten des Schädels gedient haben, um ihn sozusagen für eine Antwort »nicken« zu lassen. Warum hat Dorland aber nichts darüber gesagt? Ist es vielmehr so, dass F. A. Mitchell-Hedges, der frühere Spion, sein Wissen um den Kristallschädel mit ins Grab genommen hat? Vielleicht teilte er Anna zu ihrem eigenen Schutz nicht die ganze Wahrheit mit.

Unter Annas Nachlass findet sich eine mit Blut verschmierte Bibel. Welche Geschichte mag wohl damit verbunden sein? Warum lebte Anna so zurückgezogen und musste bis ans Ende ihres Lebens von einem Karate-Großmeister mit dem 8.ten Dan beschützt werden? Frank Dorland hatte den Kristallschädel sechs Jahre für Untersuchungen in seinem Besitz. Während dieser Zeit fertigte er einen Abdruck und eine Kopie des Kristallschädels aus Kunstharz an. Von wem stammte der Auftrag dazu? Nachdem F. A. Mitchell-Hedges selbst Spion des britischen Geheimdienstes war, lag es auf der Hand, dass der Kopf auch von demselben Geheimdienst untersucht wurde, wie die Gegenstände aus John Dees Nachlass. Und unter diesem Aspekt ergibt es plötzlich auch einen Sinn, dass Dorland den Kristallschädel so lange behalten durfte. Von den Bohrungen wurde nichts erwähnt, denn das hätte nur wieder viel Aufmerksamkeit auf sich gezogen. Aber warum ist gerade der Mitchell-

Hedges-Kristallschädel derjenige, dem die meiste Aufmerksamkeit geschenkt wurde, warum sind die anderen nicht ebenso interessant? Weil die Geheimdienste nicht wissen können, dass es nicht darauf ankommt, wie klar der Kristallschädel ist. Natürlich befinden sich die meisten Daten auf einem besonders klaren Exemplar. Aber wer sich mit dem Material Bergkristall schon beschäftigt hat, der weiß, dass sich Bergkristall verändert. Wenn der Stein nicht verwendet wird, dann wird er milchig-trüb. Wenn er aber aktiv verwendet wird, dann ändert der Kristall sein Aussehen. Die Einschlüsse verschwinden und der Stein wird glasklar. Der Kristallschädel Corazon de Luz hat sich in den letzten Jahren sehr verändert, seit ich ihn von den Inka-Schamanen erhalten habe. Er wird immer klarer und nach jeder Reise verändert er sein Aussehen sehr intensiv. Eines Tages wird auch er wieder klar sein.

Es wird aufgrund meiner Recherchen deutlich, dass die Kristallschädel eine sehr wichtige Rolle einnehmen, und dass sie nicht einfach nur Fälschungen sein können. Auch wenn das nur der medienunbeeinflusste Mensch glauben mag. Wie wir sehen, ist das Wirken von Kristallen nicht nur in der Zeit John Dees von großem Interesse. Bis heute hält der Steinzauber an. Und einen wichtigen Part des Zaubers übernehmen die Kristallschädel.

Teil 5

Präsidenten, Herrscher und Kristallschädel

Das Geheimnis der Verdunklung Jerusalems

Im Folgenden beschäftigen wir uns mit der Bedeutung von Kristallschädeln für Machthaber in der heutigen Zeit. Es ist wichtig, diese Zusammenhänge zu verstehen, damit klar wird, warum Kristallschädel auch in der Zukunft eine weitere große Rolle für uns spielen werden – auch in Bezug auf die Prophezeiungen der Mayas und anderer Indianerkulturen. Das Interesse Hitlers an Kristallschädeln zum Beispiel kann deutlich machen, dass für jeden Weltpolitiker der Besitz eines weissagenden Kopfes sicher von überaus großem Reiz ist. Doch nicht nur das. Wenn die Kristallschädel, wie erwähnt, in Zusammenhang mit der Bundeslade stehen, und wenn sie, die eigentlich aus noch viel früherer – zum Beispiel archaischer oder möglicherweise atlantischer – Zeit stammen, nicht nur weissagende, sondern auch heilende Kräfte besaßen, dann waren sie für jeden Herrscher oder Präsidenten interessant. Zudem hat die Suche nach Atlantis ja nie wirklich aufgehört. Spekulationen zu Folge könnte es durchaus sein, dass sich Teile von Atlantis noch unter der Erde in Höhlen oder Gängen befinden. Auch die Präsidenten der Vereinigten Staaten von Amerika hatten Interesse an den Kristallschädeln. F. A. Mitchell-Hedges ist dabei eine wichtige Schlüsselfigur. Ich hatte Fotos von ihm und auch zum Teil von Anna Mitchell-Hedges mit Präsidenten gesehen. In F. A. Mitchell-Hedges' Autobiografie finden sich unter anderem die Namen von General Eisenhower, General Montgomery, General Charles de Gaulles, Präsident Nixon, Ministerpräsident Winston Churchill, General Alexander Hague und General Lee.

Mit einigen der soeben erwähnten Personen hatte F. A. Mitchell-Hedges sogar persönliche Kontakte, die er in seiner Autobiografie beschreibt. Es soll legendäre Dinnerpartys gegeben haben und F. A. Mitchell-Hedges lässt wissen, dass er etliche Male zu Rate gezogen worden sei. Es fragt sich nur, womit F. A. Mitchell-Hedges die hochgestellten Persönlichkeiten beraten haben will. Einige Spekulationen gehen dahin, dass er ein Spion gewesen sein soll. Ich dagegen stelle die Behauptung auf, dass es rege Kontakte gab, weil hier die Kraft der weissagenden Köpfe genutzt werden sollte. Außerdem scheint es so zu sein, dass die Präsidenten F. A. Mitchell-Hedges vielleicht bei der Suche weiterer Kristallschädel unterstützt, wenn nicht sogar damit beauftragt haben. Im Laufe seines Lebens machte sich F. A. Mitchell-Hedges als Abenteurer und Entdecker einen Namen. In einer Erzählung Annas erwähnte sie einen Kristalljungen, den ihr Vater und sie bei einer Ausgrabung in Belize gefunden haben wollen. Sie konnten ihn aus einem Höhlensystem nicht bergen, weil sein Gewicht zu groß war. Er soll sich heute noch in Belize befinden. Gerne würde ich mit der Photonenkamera danach suchen. Denn sicher wäre es möglich, den Zugang zu dem Höhlensystem schneller zu finden, wenn man die Photonenaktivität messen würde.

Doch kommen wir noch einmal auf die Präsidenten zurück, die F. A. Mitchell-Hedges so regelmäßig traf. Vor allem die Geschichte der amerikanischen Präsidenten könnte man auch mit sichtbaren Beweisen für Kristallschädel verbinden. Eine Universität in Amerika macht seit Langem durch eine Studentenverbindung auf sich aufmerksam, die den Namen *Skull and Bones* trägt. Es handelt sich um eine Universität, die im Jahre 1718 von *Collegiate School* in New Haven, Connecticut, in *Yale College* umbenannt wurde, nachdem ein gewisser Elihu Yale der Lehrinstitution großzügige Spenden zukommen ließ. In der Bibliothek eben dieser Yale-Universität liegt das Voynich-Manuskript, welches wir im Zusammenhang mit Roger Bacon schon vorgestellt haben. Schauen wir uns das Treiben an dieser Universität doch ein wenig genauer an.

An der weltbekannten Yale-Universität gibt es ebenso Studentenverbindungen wie an anderen Universitäten auch. Die Studentenverbindung *Skull and Bones* (Schädel und Knochen), auch »Bruderschaft des Todes« genannt, hat bis heute Einfluss in Politik, Geheimdienst, Wirtschaft und Finanzen. Die Gemeinschaft der *Skull and Bones* wurde 1833 in Yale von Alphonso Taft, William Huntington Russell und 13 anderen Personen gegründet. Gleich nach der Gründung blühte die verschworene Gemeinschaft in Yale auf. Die einzelnen Mitglieder wurden Bonesman (Knochenmann) genannt. Sie bauten ihren Einfluss kontinuierlich aus.

Ein Mitglied der *Skull and Bones*, Russell, lebte ein

Jahr lang in Deutschland. Dort kam er sicher auch mit deutschen Orden in Berührung. Daraus schließen manche Autoren, dass *Skull and Bones* eine Art Ableger eines deutschen Geheimbundes sein könnte. Die vermutete Nähe zu einer Organisation der Nazis würde darauf schließen lassen, dass die Mitglieder des Ordens sehr wohl von Kristallschädeln wussten. Denn es war bekannt, dass die Nazis Rituale mit Kristallschädeln durchführten und auch überall nach ihnen suchen ließen. Bei einem Einbruch in den *Tomb* (Grabmal) genannten Treffpunkt der *Skull and Bones* – eine Halle ohne Fenster – fanden Einbrecher Totenschädel, vollkommen mit Seide zugehängte Räume, Pentagramme und andere okkulte Dinge mehr. Ob sie auch Kristallschädel entdeckten, ist nicht bekannt.

Der amtierende Präsident George Walker Bush ist ebenso wie sein Vater Mitglied von *Skull and Bones*. Eine Mitgliedschaft in diesem Verein sichert dem Neuankömmling nach einer rituellen Aufnahme praktisch lebenslangen finanziellen Erfolg und Sicherheit. Bei dem Aufnahmeritual der *Skull and Bones* soll auch ein Totenkopf eine Rolle spielen. Während des Ritus der Aufnahme legt sich der Anwärter nackt in einen offen stehenden Sarg, schildert seine intimsten Geheimnisse und Wünsche und muss sich einer Art Reinigung unterziehen. Nach diesem Ritual ist der Neuling Mitglied der Gesellschaft der Knochenmänner und ist nur noch diesen gegenüber verantwortlich. Bei dem Ritual wird auch ein Schädel in die Höhe gehalten, auf den der Neuankömmling seine Treue gegenüber dem Orden schwört. Ich halte es durchaus für möglich, dass es sich hierbei um einen Kristallschädel handelt. Es gibt zwar die Vermutung, dass auch echte Menschenschädel für Rituale der *Skull and Bones* verwendet werden. Ich halte dies aber nur für einen Teil der ganzen Wahrheit.

Es kursieren auch Gerüchte, dass der Schädel von Geronimo, dem Häuptling der Apachen, 1918 von den *Skull and Bones* aus seinem Grab in Fort Still gestohlen wurde. Der Dieb soll kein Geringerer als Prescott Bush, der Großvater des jetzigen Präsidenten Georg W. Bush jr., gewesen sein.

Es kommen auch immer wieder Fakten an die Öffentlichkeit, die auf eine Beziehung zwischen den *Skull and Bones* und den Nazis hinweisen. Schon 1937 berichtete William E. Dodd (damals Botschafter der USA in Deutschland) einem Journalisten der *New York Times*, dass »eine Clique US-Industrieller« Interesse habe, einen faschistischen Staat ins Leben zu rufen. Darüber hinaus fiel zu Beginn der Nazi-Herrschaft auf, dass Hitlers SS-Truppen Waffen aus einer US-Produktion besaßen und darüber hinaus scheinbar heimliche Geldgeber. Die *Union Banking Corp.* und die Hamburg-Amerika-Linie waren wichtige Geldgeber der Nazis. Ihr Geschäftsführer war kein anderer als der bereits erwähnte Prescott Bush, Großvater des jetzigen Präsidenten.

Die Familie Bush verdankt *Skull and Bones* sehr viel. Als am 20. Januar 2001 in Washington D. C. der 43. Präsident der USA, Georg W. Bush, vereidigt wurde, zogen die mächtigsten Frauen und Männer aus der Öl- und Energie-Industrie ins Weiße Haus ein. Der Geheimbund der *Skull and Bones* ist besonders verschwiegen. Es soll besondere Schweigeregeln geben, die bei Nichtbeachtung angeblich mit dem Tod bestraft werden. Eine Regel besagt, dass die Mitglieder den Raum verlassen sollen, wenn der Name ihrer Bruderschaft des Todes fällt. Und genau dies tat *Skull and Bones*-Mitglied George Bush bei einer Pressekonferenz im *Oval Office*, als man ihn fragte, ob er ein Bonesman sei. Es gehören angeblich viele mächtige Familien zu dem *Skull-and-Bones*-Bund. Berichten zufolge soll auch John Edgar Hoover, der viele Jahre die US-Bundespolizei FBI leitete, ein Mitglied der *Skull and Bones* gewesen sein. Dass die *Skull and Bones* das Grab von Geronimo geplündert haben sollen, steht in direktem Zusammenhang mit meiner Vermutung, dass sie im Grab des Indianerhäuptlings vielleicht einen Kristallschädel als Grabbeigabe entdeckt und diesen mitgenommen haben. Dies würde nicht verwundern, denn durch die Kontakte, die zum Beispiel John Edgar Hoover mit F. A. Mitchell-Hedges pflegte, musste er um das merkwürdige Objekt des Abenteurers und möglichen Spions gewusst haben. Auf einem Foto, das auf der gegenüberliegenden Seite abgebildet ist, können wir F. A. Mitchell-Hedges und Richard Nixon nach einer Beratung sehen, die Frau neben den beiden ist Anna Mitchell-Hedges. Aus den persönlichen Berichten von Anna Mitchell-Hedges geht hervor, dass sich etliche Beratungen über den Krieg im Hause von F. A. Mitchell-Hedges abgespielt haben. Sollten also Mitglieder der Vereinigung *Skull and Bones* im Hause F. A. Mitchell-Hedges eingeladen gewesen sein? Und kann es sein, dass man den Mitchell-Hedges-Kristallschädel in regelmäßigen Abständen befragte oder versuchte, sich dessen Kraft zu bedienen? Geheime okkultistische Sitzungen und Ri-

Abb. 24: F. A. Mitchell-Hedges, Richard Nixon, Anna-Mitchell-Hedges

tuale pflegen die *Skull and Bones* in jedem Fall, soviel ist sicher.

Der angebliche Diebstahl aus dem Grab des Geronimo soll sich 1918 zugetragen haben. Nachdem Mitchell-Hedges nun den Kristallschädel 1924 aus Lubaantun mitbrachte, musste er wohl in diesen Kreisen besonders freudig empfangen worden sein. Das Bindeglied wird sicher Hoover gewesen sein, mit dem er – so die Zeugenaussagen und die Informationen seiner eigens geschriebenen Autobiografie – nach den Dinnerpartys das Geschirr spülte. In dem Autographbook, welches ich in Annas Nachlass gefunden habe, konnte ich zahlreiche sehr berühmte Namen entdecken: Churchill, Eisenhower, Hoover, Nixon und viele, viele mehr.

Es muss in diesen Kreisen auch bekannt gewesen sein, dass es mehrere Schädel gibt, die zusammengehören.

Kommen wir zum derzeit amtierenden Präsidenten George W. Bush und seinem möglichen Interesse an okkulten Dingen. Wir wissen ja nun, dass sein Großvater Mitglied der *Skull and Bones* war, und dass dieser für den Grabraub Geronimos verantwortlich gewesen sein muss. Interessant ist, dass gerade im Januar 2008 Präsident G. W. Bush die Stadt Jerusalem besuchte. Unter anderem sah er sich dort die Tunnelanlagen unter der Klagemauer und die unterirdischen Gänge unter dem Tempelberg an.

Jerusalem organisierte für George W. Bush ein besonderes Erlebnis: Damit der US-Präsident ungestört den Sonnenaufgang bewundern konnte, machte die Stadt die Lichter aus: Am Donnerstag- und Freitagmorgen (10. und 11.01.2008) wurde die Beleuchtung der Altstadt ausgeschaltet, so teilte es ein Sprecher der Stadtverwaltung mit. Damit konnte Bush von seiner Suite im *King-David*-Hotel aus – ungestört durch künstliches Licht – den Sonnenaufgang über der historischen Altstadt bewundern, die Israel im Sechstagekrieg 1967 erobert hatte. Bush hatte sich im Vorfeld seines Besuchs gewünscht, die Sonne über Jerusalem aufgehen zu sehen. Durch das Ausschalten des Lichts sollte dieses Bild noch eindrucksvoller ausfallen. Außer Bush und seinem Stab wohnte niemand sonst im Hotel. Dafür hatten Polizisten und Geheimagenten im und am *King David* Stellung bezogen. Rund um das Hotel standen Zelte, so dass nicht einmal mehr der Eingang zu sehen war, wie Hotel-Vizechef Benny Oleartschik berichtete. Scharfschützen bewachten das Gebäude vom Dach aus und laut *Jerusalem Post* schwebte über dem Hotel ein mit Nachtsichtkameras ausgerüsteter Ballon.

Die Tatsache, dass ein Mitglied der Geheimorganisation *Skull and Bones* sich die Altstadt von Jerusalem zwei Tage verdunkeln lässt, um genau an dem Ort, an dem das Tor zur Neuen Welt liegt, den Sonnenaufgang zu beobachten, ist eine ziemlich kuriose Angelegenheit. Ich glaube hier überhaupt nicht an Zufälle, sondern an Versuche, die hier vielleicht mit besonderem Licht gemacht werden sollten. Ich kann mich nicht erinnern, dass jemals ein amerikanischer Präsident Jerusalem selbst besucht hat. Könnte vielleicht eine besondere Sternenkonstellation einen astrologischen oder astronomischen Hintergrund seines Besuchs verdeutlichen? Betrachten wir einmal die astronomische Bedeutung dieser beiden Tage, an denen Bush die Innenstadtbeleuchtung abschalten ließ:

Merkur ist ab dem 10. Januar 2008 in der Abenddämmerung über dem Sonnenuntergangspunkt zu sehen. Saturn geht in den Abendstunden im Osten auf. Aber der wichtigste Aspekt ist die Venus, die an diesem Tag alle anderen Sterne und Planeten am Morgenhimmel überstrahlt. Venus ist am 10.01.2008 der Morgenstern, der vor Sonnenaufgang bereits hoch am Himmel im Sternbild Skorpion steht.

Nun muss man wissen, dass sowohl Venus als auch das Sternbild Skorpion eine wichtige Bedeutung im Maya-Kalender haben. Dort richten sich viele Deutungen der Hohepriester nach der Venus und auch nach Jupiter zur Vorhersage bestimmter Perioden. Nun befindet sich an diesem Tag Venus im Sternbild Skorpion. Auch der Skorpion ist ein wichtiger Bestandteil des Maya-Kalenders. Er ist Basis des Weltenbaums, der mit seiner Spitze bis zum Polarstern reicht. Eine Beobachtung des Lichtes der Venus mit Position im Weltenbaum ist an sich schon eine Besonderheit. Nun muss man auch wissen, dass die Venus nach der griechischen Mythologie eine Besonderheit aufweist. Sie ist durch einen Zusammenstoß mit einem Kometen aus ihrer Bahn geworfen worden und hat ihre Größe und Farbe dadurch verändert. Zeitgleich datieren die Griechen die große Flut, in der das mystische Atlantis untergegangen sein soll. Also steht Venus in direktem Zusammenhang mit dem sagenumwobenen Atlantis, welches vielleicht durch die Veränderung der Venus untergegangen oder scheinbar verschwunden ist.

Damit aber noch nicht genug. An dem gleichen Tag, also dem 10. Januar 2008, war noch ein anderes Himmelsphänomen von Bedeutung. Zur gleichen Zeit befanden sich drei Kometen in Sonnen- bzw. Erdnähe. Kometen waren schon immer von besonderem Interesse für Sterndeuter. Selbst heute noch umweht diese eisigen Besucher ein Hauch von Mystik: Kometen erreichen nur selten den inneren Teil des Sonnensystems und sie verschwinden nach einigen Wochen wieder in den Tiefen des Weltraumes. Manchmal brechen sie in Sonnennähe auseinander oder stürzen sogar in die Sonne. Dass an diesem Tag gleich drei Kometen den Himmel kreuzten, ist wirklich etwas Besonderes. Die drei Kometen, die an diesem Tag in der Nähe der Erde vorbeiflogen, spielen eine wichtige Rolle in Zusammenhang mit den Kristallschädeln. Diese drei Kometen waren Komet 17P/Holmes, 8P/Tuttle und

46 P/Wirtanen. Sie durchlaufen in ihrer Flugbahn einen Kurs, der in unmittelbarer Nähe eines besonderen Sternbildes liegt. Der Komet Holmes durchläuft direkt das Sternbild Perseus in der Höhe des Sterns Algol, während die anderen in dichter Nähe ebenfalls zeitgleich ihren Kurs durchs Weltall nehmen. Das Sternbild Perseus ist mit der griechischen mythologischen Geschichte des Perseus verbunden, der die Medusa im Kampf bezwingt. Das Medusenhaupt, welches wir schon als weissagenden Kopf kennen gelernt haben, ist der Stern Algol, den Perseus im Sternbild in der Hand hält. Genau in der Höhe Algols, was auch in der hebräischen Sprache übersetzt »Haupt des Teufels« bedeutet, zieht der Komet seine Bahn im All. Verwandt ist auch der Begriff hebräisch/arabisch »gol« = »Schädel/Haupt«, der sich in »Golgotha« = »Schädelstätte« wiederfindet. Es ist also sicher keine zufällige Begebenheit, dass ein Präsident der Vereinigten Staaten von Amerika, der den *Skull and Bones* angehört, gerade an dem Tag Jerusalem und die Schädelstätte besuchte, an dem nicht nur die Venus in besonderer Position stand, sondern auch noch drei Kometen gleichzeitig in etwaiger Höhe eines Sternbildes verliefen, welches mit dem Haupt des Teufels oder dem weissagenden Medusenhaupt gleichgesetzt und bezeichnet ist.

Noch interessanter ist, dass auch die Mayas in dem Sternbild des Perseus eine besondere Bedeutung sahen. An der gleichen Stelle wie Perseus befindet sich für die Maya-Astronomen das Sternbild der doppelköpfigen Schlange. Das Sternbild Perseus gehört zu ihrem Körper und die in der Nähe befindlichen Plejaden bilden die

Rassel der Schlange, die als Symbol für das Königreich der Mayas steht. Ich kann mir keinen anderen Zusammenhang vorstellen, als den, dass der Präsident vielleicht hier einen Versuch mit einem Kristallschädel unternahm, der ihn mit dem besonderen Energiefeld dieser Sternenkonstellation verband. Das ist die einzige Erklärung, warum er an diesem Tag die Beleuchtung der Innenstadt ausschalten ließ. Kann es sein, dass er vielleicht an diesem Tag weissagende Bilder im Kristallschädel sah? Hat er das unbeeinflusste Licht der Venus in einem bestimmten Winkel in den Kristallschädel fallen lassen, um in einer Art Camera Obscura in einem abgedunkelten Raum des Hotels weissagende Bilder durch den Kristallschädel zu empfangen? Hat er sich mit dem untergegangenen Reich Atlantis verbunden, als er die unterirdischen Gänge des Tempelberges besuchte?

Bei den Recherchen über die Venus ist mir noch etwas Sensationelles aufgefallen. Nach alchemistischen Regeln ist sie in Verbindung mit dem Stein der Weisen zu betrachten. In der Alchemie heißt es von der Venus, sie beherrsche den Vorgang der Abscheidung des Festen vom Flüssigen, lat. *Distillatio.* Das ist einer der Arbeitsschritte bei der Herstellung eines Steins der Weisen. Der Stein der Weisen ist jener Stein, nach dem alle Wissenschaftler und Gelehrten als Synonym für den Heiligen Gral oder die Bundeslade suchen.

Doch zurück zum Interesse der Herrscher und Präsidenten an Kristallschädeln. Welches alchemistische Ritual hat Präsident Bush mit seinen okkultistischen und magiebewanderten Brüdern des Ordens von *Skull and Bones* in Jerusalem möglicherweise abgehalten? Ich gebe zu, dass ich gerne dabei gewesen wäre, um Näheres zu erfahren. Ich glaube, dass wir den roten Faden der Kristallschädel in der gesamten Historie der uns bekannten Geschichte sehr gut wiederfinden können. Was genau die Politiker unserer Zeit wissen, oder was sie vorhaben, bleibt immer spekulativ. Wir können es weder beeinflussen, noch in irgendeiner Weise vorhersehen. In jedem Fall aber wissen wir, dass Kristallschädel in allen Zeiten wertvolle Mittel waren, um Wissen aus ihnen zu schöpfen. Als mögliche Zeitzeugen aus den wichtigsten Epochen der Weltgeschichte können sie eine wichtigere Stellung einnehmen, als wir glauben. Die Suche nach dem verschollenen Atlantis und dem verborgenen Wissen oder der Weltformel (der Stein der Weisen) beschäftigt noch immer die Denker der heutigen Zeit. Eine weitere Gemeinsamkeit haben die Weltherrscher in jedem Fall: Sowohl Adolf Hitler als auch zum Beispiel die Präsidenten der USA ließen unterirdische Gänge graben. Unterirdische Anlagen und Forschungen an allen interessanten Plätzen der Erde stehen meist in Zusammenhang mit Grabungen, die tief in das Erdreich gehen. Suchen sie vielleicht nach dem verborgenen Atlantis im Inneren der Erde? Was suchte Präsident Bush in Jerusalem und was war ihm so wichtig, dass er den gesamten Komplex sperren und via Luftbildaufnahmen untersuchen ließ? Und das auch noch an einem Tag mit einer besonderen astronomischen Konstellation. Kann es sein, dass sich unter dem Tempelberg in Jerusalem das Tor zur Neuen Welt befindet, weil dort ein Eingang in eine unterirdische Welt liegt, die uns nur noch nicht bekannt ist? Ist es vielleicht das Tor zum verborgenen Atlantis?

Wenn wir uns an den Brief des Priesterkönigs Johannes erinnern, dann spricht dieser von einer Stadt ohne Tageslicht. Er spricht von einem Land, das vielleicht unter der Erdoberfläche liegt. Kann es sein, dass die Kristallschädel die Hüter des geheimen Wissens sind, die eine Welt im Inneren der Erde beschreiben, die möglicherweise das geheimnisvolle, das mystische Atlantis ist? Ist es das, was die Kristallschädel prophezeien? In jedem Fall wird jetzt doch glaubhaft deutlich, dass ein allgemeines Interesse daran zu bestehen scheint, dass die Geschichte der Kristallschädel bewusst verschleiert werden soll. Es ist leichter, das Volk glauben zu machen, die Schädel seien Fälschungen, als zu erklären, wozu man sie verwenden kann. Es wird ziemlich deutlich, dass der Kristallschädel von Anna Mitchell-Hedges ein sehr großes Interesse bei den Machthabern und Politikern erzeugte. Das ist die einzige Erklärung dafür, warum Anna auf den Treffen der großen Chefs Amerikas anwesend war. Es war ihr Kristallschädel, dem die Präsidenten etwas entlocken wollten. Geheimnisse, Kräfte oder was auch immer sie glaubten, für ihre Pläne nutzen zu können. Glauben Sie, liebe Leserinnen, liebe Leser, dass sie so großes Interesse gehabt hätten, wenn der Schädel eine billige Fälschung aus dem 20. Jahrhundert gewesen wäre? Warum hat sich bei all den Diskussionen niemals ein Edelsteinschleifer dazu bekannt, dass einer seiner Vorfahren den Kristallschädel in seiner Werkstatt produzierte? Solche Edelsteinschleifereien waren Familienbetriebe und wurden vom Vater an den Sohn übergeben. Warum hat kein Enkel beschrieben, dass sein Großvater jahrelang einen Schädel schliff, der dem zum Verwechseln ähnlich ist, den F. A. Mitchell-Hedges als den Fund in Lubaantun deklarierte?

Die Antwort ist ganz einfach: Dieser Schädel und auch die anderen alten Kristallschädel sind keine Fälschung – sie sind echt.

Teil 6

Die Geheimnisse liegen vor unseren Augen

Das Familiengeheimnis und der Spiegel von Königin Marie Antoinette

Der erste sprichwörtlich sichtbare Hinweis auf die Kristallschädel ergibt sich nach langen Jahren erst wieder, als F. A. Mitchell-Hedges den Kristallschädel 1924 in Lubaantun, dem heutigen Belize, findet. Erinnern wir uns an die Tatsache, dass der Kristallschädel bereits von *Hewlett-Packard* als physikalisches Phänomen bezeichnet wurde und beschauen uns den wunderbaren Kristallkopf aus verschiedenen Blickwinkeln, so bleibt uns nur der Schluss, dass er etwas absolut Besonderes ist. Ich finde aber auch eine andere Geschichte noch durchaus erwähnenswert, die mir bei der Durchsicht von Anna Mitchell-Hedges' Nachlass aufgefallen ist. Hierin befand sich nicht nur der Kristallschädel, sondern auch der Spiegel der Königin Marie Antoinette sowie etliche andere wertvolle Antiquitäten aus den französischen Adelshäusern (Spiegel von Napoleon und etliches königliches Tafelsilber). Wie kam es, dass ein so wertvoller Spiegel aus dem französischen Königshaus sich im Besitz der Familie Mitchell-Hedges befand?

Mir fielen im Zusammenhang mit Marie Antoinette die Ereignisse ein, die sich um ihre Hinrichtung abspielten. 1789 brach die Französische Revolution aus und Marie Antoinette, die damalige Königin, wurde durch die Guillotine hingerichtet. Vor ihrer Hinrichtung auf dem Place de la Concorde brachte man sie in ein Gebäude, das früher den Templern gehörte. In dieser *Temple* genannten Festung wurde die königliche Familie streng bewacht und gefangen gehalten. Immerhin ein Jahr verbrachte Marie Antoinette in dem ehemaligen Haus des Templerordens. Nun hatte sich etwas Besonderes nach der Hinrichtung von König Ludwig XVI. zugetragen: Nach seiner Exekution war ein Unbekannter auf den Platz gesprungen und hatte ausgerufen: »Dies ist die Rache für Jacques de Molay!« Nun muss man wissen, dass Jaques de Molay einer der letzten Großmeister des Templerordens war. Die Verfolgung und Hinrichtung der Templer betraf auch ihn, denn als letzter Großmeister wurde er im März 1314 auf dem Scheiterhaufen verbrannt. Vor seiner Hinrichtung muss er seine Widersacher verflucht haben. Mit dem Tod des französischen Königs und der französischen Königin war der Tod des Großmeisters gerächt worden.

Was hat das nun aber mit unserer Geschichte über Kristallschädel zu tun? Mehr als wir vorerst annehmen. In den Unterlagen von Anna Mitchell-Hedges fand ich, wie schon erwähnt, das »Statement of fact«, in dem sie schwört, den Kristallschädel selbst gefunden zu haben. Auf der Rückseite des Dokumentes fand ich einen handgeschriebenen Hinweis, der ihr mindestens genauso wichtig gewesen sein muss, wie der Kristallschädel selbst: der Stammbaum ihrer französischen Abstammung. Als Adoptivtochter von F. A. Mitchell-Hegdes hatte sie auf französische Vorfahren zurückgeblickt. Diese Vorfahren waren hier fein säuberlich aufgeschrieben und über der Namenliste befanden sich ein Templerzeichen und die Insignien IHS. Sollte das heißen, dass Anna Mitchell-Hedges, geborene Anna Marie Le Guillon, ein geheimes Templerordensmitglied war oder zumindest eine Nachfahrin eines Templers? Nun, die Großmeister der Templer gaben sich nicht zu erkennen, sie ließen ihre Identität im Verborgenen. Ich suchte nach weiteren Hinweisen. Und ich fand einen. Mir fiel ein Bild von Anna Mitchell-Hedges in die Hände, auf dem sie in einer merkwürdigen Pose zu sehen ist. Sie sitzt vor dem Spiegel von Königin Marie Antoinette, in der Hand einen Holzknüppel.

Abb. 25: Anna Mitchell-Hedges vor dem Spiegel der Marie Antoinette mit Knüppel in der Hand

Als ich Bill Homann, den Erben, fragte, was das Ganze zu bedeuten habe, meinte er nur, dies sei ein Knüppel, den Anna Mitchell-Hedges von einem englischen Polizisten geschenkt bekommen habe. Wer sie kannte, der wusste, dass sie den Spiegel über alles liebte. Selbst in der größten finanziellen Not hatte sie zwar andere Sammelstücke ihres Vaters verkauft, aber von zwei Dingen hatte sie sich niemals getrennt: dem Kristallschädel und dem Spiegel von Marie Antoinette. Auch war sie für ihr resolutes Auftreten bekannt. Die überaus intelligente Frau hatte in ihrem Leben nichts dem Zufall überlassen. Ich glaube, sie hat sich absichtlich in dieser Pose ablichten lassen. Bei Nachfragen hatte sie erzählt, dass F. A. Mitchell-Hedges den Spiegel von einer französischen Familie gekauft habe. Ich ließ mir eine genaue Expertise von einem Sachverständigen zusenden, der eindeutig die Initialen der französischen Königin auf ihm feststellte. Außerdem habe der Spiegel auf der Inventarliste von Versailles gestanden. Also schienen F. A. Mitchell-Hedges oder Anna Mitchell-Hedges möglicherweise Kontakt zu Templern gehabt zu haben, die natürlich im Verborgenen weiter existierten. Dies ist die einzige Erklärung, warum sie mit einem Knüppel in Siegerpose vor dem Spiegel posiert. Wollte sie damit verschlüsselt zum Ausdruck bringen, dass die Templer sich wichtige Gegenstände aus dem Besitz des Königshauses aneigneten, während die Königsfamilie in der Festung der Templer inhaftiert war? Posierte sie in Siegerhaltung, weil die Templer sich am französischen Königshaus gerächt hatten? Der Knüppel in der Hand kann genau das zum Ausdruck bringen.

Sollte F. A. Mitchell-Hedges Kontakt zu den Templern gehabt haben, dann hatte er auch Kenntnisse über Baphomet, den sprechenden Schädel. Zudem ist es möglich, dass ihm die Templer seine Expeditionen finanzierten. Womöglich besaßen die Templer sogar Kartenmaterial und wussten genau, wo sie F. A. Mitchell-Hedges hinschicken mussten, um die Ruinen von Lubaantun und den Kristallschädel zu finden. Wir wissen ja, dass Kristallschädel auch Karten projizieren können. In einem der nachfolgenden Abschnitte werden wir über den Versuch mit Carol Wilson und dem Kristallschädel Corazon de Luz berichten und erläutern, dass Kristallschädel Karten mit Positionsangaben beinhalten, die zeigen, wo die anderen Schädel aufbewahrt werden. Möglicherweise hatten die Templer bei ihren Reisen durch die Zeit diese Orte schon gesehen und konnten dem Entdecker genau sagen, wo er suchen musste.

Wir wissen auch, dass die Templer aufgrund der Verfolgung, der sie ausgestezt waren, in Südamerika einige Schätze versteckt hatten. Dies alles ist für mich ein Beweis dafür, dass der Abenteurer, Spion und Sammler F. A. Mitchell-Hedges mehr wusste, als er offen zugab.

Die Stadt der gefallenen Steine

Lubaantun ist die Ruinenanlage, die F. A. Mitchell-Hedges auf einer seiner Expeditionen entdeckte. Die Expedition dauerte mehrere Jahre, denn die Stadtruine lag im dichten Dschungel im heutigen Belize. Man kann sich kaum vorstellen, welche Strapazen die Expeditionsteilnehmer durchleben mussten. Mit kleinen Booten drangen sie über kleine Flussläufe in das tiefe Dickicht des Dschungels ein. Oft verloren sie dabei Teile ihrer Ausrüstung, weil ein Boot in den reißenden Flüssen kenterte. Die originalen Aufnahmen belegen, welche Abenteuer F. A.

Mitchell-Hedges und seine Adoptivtochter Anna erlebten, bevor sie die Ruinenanlagen entdecken konnten.

Abb. 26: Expedition mit dem Boot über den Fluss

Nachdem sie die Anlagen entdeckt hatten, musste der Komplex erst einmal über Jahre hinweg durch Brandrodungen freigelegt werden, denn die Ruinenanlage war völlig mit Dschungelpflanzen überwuchert. Auch lebten hier gefährliche Tiere auf dem Boden und in den Bäumen. Spinnen und Schlangen waren durch ihre gefährlichen Gifte eine ständige Bedrohung. Auf den nachfolgenden Seiten zeige ich einige der originalen Aufnahmen, die belegen, wie die Ruinenstadt aussah, als F. A. Mitchell-Hedges sie das erste Mal betrat.

In diesen Anlagen fand der Forscher mit seiner Tochter Anna den mittlerweile berühmten Kristallschädel. Anna soll ihn hier zwischen den Steinen funkeln gese-

Abb. 27: Ruine mit Schlingpflanzen

hen haben. Man ließ sie daraufhin in einen kleinen Spalt herab – und sie hielt den Kristallschädel an ihrem Geburtstag das erste Mal in den Händen.

Abb. 28: Ruine Lubaantun

Der Piratenschatz von Kapitän Morgan oder der geheime Schatz der Templer?

Der Abenteurer Mitchell-Hedges hatte auf seinen Expeditionen nicht nur archäologische Besonderheiten entdeckt. Er war bei seiner Suche nach besonderen Schätzen auch auf die Schatzkisten eines Piraten gestoßen. Seine Expeditionen führten ihn auch auf die Islas de la Bahia 65 Kilometer nördlich von Honduras in der Karibik. Die Islas de la Bahia haben drei Hauptinseln: Utila, Roatan und Guanaja. Eine tropische Berglandschaft überblickt den fantastischen Küstenstreifen und die einzelnen weißen Sandstrände. Die atemberaubende Szenerie wird nur gelegentlich durch kleine Fischerdörfer unterbrochen. Die Insel besitzt einen Bergrücken, von dem ein ständiger Überblick auch auf die Korallenriffe rund um die Insel möglich ist. Roatan ist bekannt für seine

Abb. 29: Ruine der Piratenfestung

fantastischen Tauchgründe. Bis heute kann man auf der Insel die Ruinen der Piratenfestung sehen, die einst von Henry Morgan und anderen berühmten Piraten genutzt wurde.

Auf einem der Bilder sehen wir die Grabsteine eines Friedhofs. Die Gräber von Piraten wären mit Sicherheit nicht durch Grabsteine geschmückt worden. Soviel Mühe machten sich Piraten nicht bei der Bestattung der Toten. Hier sieht man eindeutig die Grabsteine diverser Templer, die hier vielleicht gelebt hatten, nachdem sie aus Europa geflüchtet waren. Denn auch die Eingeborenen hätten ihre Toten so nicht beerdigt. War das ein Beweisfoto für den Umstand, dass F. A. Mitchell-Hedges den Templern auf der Spur war?

Schließlich haben wir noch eine riesige Sensation, die diese Vermutung nur erhärten kann: Mitchell-Hedges fand in der Nähe der Ruinenanlage vier gefüllte Schatz-

Abb. 30: Grabsteine auf der Pirateninsel

kisten, die bis zum Rand mit Goldmünzen gefüllt waren. Angeblich sollten sie von Piraten stammen, die sie von den spanischen Eroberern gestohlen hatten, die über Honduras ihren Seeweg nach Europa antreten wollten. Die Piraten fingen die Schiffe vor Honduras ab und brachten die Beute auf den Inseln in Sicherheit. Noch heute vermutet man eine riesige Menge an Seeräuberbeute auf der Insel, denn noch lange nicht sind alle Schatzkisten gefunden worden. Indes bleibt der Umstand merkwürdig, dass F. A. Mitchell-Hedges genau wusste, wo er zu suchen hatte. Es kann durchaus sein, dass er einen Schatz der Templer zurückholte, der auf der Insel von den Templern selbst vergraben worden war. Die Geschichte von F. A. Mitchell-Hedges und dem Fund des Schatzes wird heute noch von Einheimischen erzählt. Die auf den vorhergehenden Seiten abgebildeten Aufnahmen sind die Originalfotos aus dem Jahr, als er die Schatzkisten fand. Ein Freund von F. A. Mitchell-Hedges untersuchte den Bereich nahe des alten Hafens mit einem Kompass. Dieser schlug plötzlich wie verrückt aus und F. A. Mitchell-Hedges wurde herbeigerufen. Es war klar, dass der Kompass auf eine große Menge Metall gestoßen sein musste, denn nur so konnte man sich erklären, dass der Kompass verrückt spielte. Die beiden Freunde fingen an dieser Stelle an zu graben und fanden in der Tat zwei große Holzkisten, die bis zum Rand mit goldenen Dublonen gefüllt waren. Sie gruben nach dieser Entdeckung weiter und entdeckten zwei weitere Kisten von der gleichen Größe. Danach versteckten sie die Kisten wieder im Boden und suchten die gesamte Insel nach weiteren Schätzen ab, fanden aber vorerst nichts. In der Zwischenzeit hatten Einheimische aber bereits die Polizei verständigt. Ihnen war die Aufregung um den gefundenen Schatz nicht verborgen geblieben. Als Mitchell-Hedges erfuhr, dass die Polizei unterrichtet worden war, entschied er sich, drei der vier Kisten mitzunehmen und sofort zu verschwinden. Er und seine Begleiter segelten in der Nacht nach Belize, der Hauptstadt von Honduras. Mitchell-Hedges ankerte mit seinem Segelschiff, der *Amigo*, vor der Küste und ging mit einem kleinen Beiboot an Land. Nach ein paar Stunden brachte er aus Bauholz gezimmerte Holzkisten mit an Bord der *Amigo*, in die die Goldstücke umgeladen wurden. Die alten Schatzkisten versenkte er im Meer. Mit den gefüllten Kisten ging man nun auf ein Dampfschiff, mit dem man nach New York übersetzte. Die Kisten tarnte Mitchell-Hedges für die Überfahrt mit der Aufschrift »Maya-Kunstprodukte«. In New York angekommen, verkaufte er den Inhalt der Kisten für 6 000 000 US-Dollar. In England konnte er sich von dem Geld ein Schloss auf einem Herrschaftssitz kaufen. Er begann dort seine Biografie zu schreiben (*Danger my Ally*). Wer weiß, was F. A. Mitchell-Hedges noch alles in den Kisten entdeckt hat. Auf jeden Fall ist sicher, dass auf den gefundenen Goldstücken das Wappen der Templer eingeprägt war. Das gleichschenklige Kreuz war das Erkennungszeichen der Tempelritter.

Abb. 31: Goldmünzen aus dem Templerschatz, den F. A. Mitchell-Hedges barg

War es Zufall, dass der Entdecker und Forscher auf die Insel kam, oder hatte er, wie schon vermutet, Hinweise auf den Schatz von seinen Auftraggebern, möglicherweise den Templern, erhalten? Ich finde es schon ziemlich merkwürdig, dass der Freund von Mitchell-Hedges mit einem Kompass die Insel erkundete. Sie suchten doch eigentlich nach archäologischen Fundstücken aus Stein. Sollte F. A. Mitchell-Hedges genau gewusst haben, was auf der Insel zu finden war?

Noch etwas anderes finde ich auffallend. Wie kam es, dass die Piraten plötzlich das Zeichen des Totenschädels auf ihren Fahnen hatten? Hatte das vielleicht eine tiefere Bedeutung, als wir zunächst annehmen? Schauen wir weiter!

Mitchell-Hedges' Forschungen auf den Inseln rund um Belize könnten jedenfalls etwas noch viel Wichtigeres bergen als einen Piratenschatz. Zu den Lieblingsplätzen von F. A. Mitchell-Hedges gehörte die kleine Insel St. Helena in der Nähe der Roatan-Insel. Auf dieser kleinen Insel hatte er Überreste einer besonderen Zivilisation entdeckt, die einige Beachtung verdient.

Auf St. Helena befindet sich die Stadt Oak Ridge. Sie wurde auf Stelzen im Wasser errichtet. Die dortigen Menschen leben von Fischfang und sind sehr arm. Doch sie haben auch etwas Besonderes. Das glückliche Leuchten in ihren Augen faszinierte F. A. Mitchell-Hedges, als er das erste Mal dort ankerte. Fernab von der Zivilisation schienen sie hier ihr Glück zu haben. Auf der Insel gibt es Kalksteinklippen, die aus dem malerischen Dschungel emporragen und von Höhlen förmlich durchlöchert sind. In diesen Höhlen soll Mitchell-Hedges

Abb. 32: Oak Ridge auf der Insel St. Helena

eine seiner wichtigsten Entdeckungen gemacht haben. Er und seine Leute gruben die Fußböden in den Höhlen um und fanden interessante keramische Objekte. Die Kunstgegenstände stammten weder von der Maya-Kultur noch aus der Zeit der Tolteken. Mitchell-Hedges glaubte, dass sie aus einer früheren, viel älteren Epoche stammten. Durch ein großes Erdbeben soll ein Teil des Festlandes abgespalten worden sein und die legendären Bay-Inseln seien der Rest des versunkenen Atlantis. Das große Erdbeben hatte eine weltweite Massenüberschwemmung ausgelöst und das Aussehen der Erde radikal verändert. Der abgespaltene Teil des Kontinents von Atlantis sei an dieser Stelle in den Boden auf dem Meeresgrund versunken. Mitchell-Hedges glaubte sicher zu wissen, dass die Kunstgegenstände aus dieser für diese Gegend untypischen Kultur von Überlebenden der Überschwemmung stammten, die diese auf der Insel zurückließen. Und in der Tat gibt es auch noch einen anderen Beweis, der seine Theorie stützt: In allen Teilen Mittelamerikas hat es merkwürdige Funde gegeben, die ebenso dafür sprechen. In Nicaragua entdeckten Forscher in einem hochgelegenen Bergsee eine bestimmte Hai-Art. Nun weiß man, dass Haie nur in Salzwasser leben. Diese Art lebt aber in Süßwasser. Mitchell-Hedges glaubte, dass diese Art sich entwickelt hatte, als die Berge sich auftürmten und die Meere zwischen den neu entstandenen Felsformationen eingeschlossen wurden. Durch evolutionäre Anpassung haben die Haie in dieser Art überlebt. Die Archäologen verachten natürlich die eingangs erwähnte Theorie. Sie verwerfen sie mit dem Argument, dass die Insel mit den seltenen Kunstgegenständen ein Handelsposten gewesen sein muss. Und dass man deshalb dort Güter findet, die sonst in der Region nicht vorkommen. Seltsam ist nur die Aussage der gleichen Archäologen, die Mayas hätten keinerlei kulturellen Kontakt mit anderen Völkern gehabt und sich völlig eigenständig entwickelt. Mitchell-Hedges suchte unter den Artefakten selbst den Beweis für seine Theorie. Und er fand ihn. Archäologen hatten immer behauptet, die Maya hätten keine Haustiere gehabt oder Herden gehalten. In einer der Höhlen grub F. A. Mitchell-Hedges aber ein Kunstobjekt aus, das ein Schaf mit einem Brandzeichen zeigt. Also ein eindeutiges Indiz für Schafzucht. Auf diese Weise ist das Argument eines Handelspostens der Mayas entkräftet. Die kulturellen Gegenstände wurden mit dem Namen Paya-Kultur in eine neue Epoche eingestuft, die älter ist, als die der Maya. Doch die Archäologen weigern sich, die Beweise anzuerkennen. Der Begriff Paya-Kultur findet sich in keinem archäologischen Archiv und der berühmten Museen.

Gerüchten zu Folge soll es auf dem Festland Honduras eine geheimnisvolle weiße Stadt geben, die Plato schon erwähnt hat. Die Bewohner der Stadt sollen jeden Eindringling sofort töten. Die Einheimischen von Roatan wissen von einem versunkenen Tempel auf dem Meeresboden rund um die Insel zu berichten. Und noch immer sind die Geheimnisse der Höhlen in den Kalksteinfelsen nicht gelöst. Ich bin sicher, dass sich dort noch manches befindet, und mit meiner Ausrüstung werde ich irgendwann diesem Geheimnis selbst begegnen.

Nun gibt es also dort genügend Hinweise auf die möglichen Zusammenhänge mit Atlantis. Auch erscheint für mich überlegenswert, dass F. A. Mitchell-Hedges genug Material an das Britische Museum lieferte, mit dem zukünftige Schatzsucher auf den Inseln noch weitere Schätze finden sollten. Es ist davon auszugehen, dass die Forscher sehr wohl nach dem Gold suchten – ihre archäologischen Geheimnisse aber scheinen sie in ihrer Sammlung an Erkenntnissen zu verstecken wie die kostbarsten Schätze.

Doch was hat das nun alles mit den Kristallschädeln zu tun? Nun, es gibt da eine sehr wichtige Geschichte, welche die Eingeborenen erzählen. Diese behaupten nämlich, dass F. A. Mitchell-Hedges den Kristallschädel auf der Insel gefunden haben soll und nicht in Lubaantun. Er soll den Schädel gegen ein paar Sack Mehl mit einem Eingeborenen getauscht haben, der ihn in den besagten

Höhlen gefunden haben soll. Diese Geschichte klingt für mich sehr plausibel, zumal wir nicht wissen, welchen Kristallschädel er dort gefunden hat. Die meisten Menschen übersehen wichtige Dinge, weil das Wesentliche dem menschlichen Auge oft verborgen bleibt. Wer sagt denn, dass es nur einen Kristallschädel gegeben hat? Gab es etwa nur eine einzige Schatztruhe mit Gold auf der Erde? Kann es nicht sein, dass F. A. Mitchell-Hedges mehrere Kristallschädel entdeckt hatte? Den Maya-Prophezeiungen zufolge existierte ja nicht nur ein Exemplar. Ist es also möglich, dass Mitchell-Hedges nach mehreren Kristallschädeln suchte und diese auch fand? Möglicherweise hatte er einen behalten und einen weiteren an die Templer verkauft? Ich bin jedenfalls fest davon überzeugt, dass es eher wahrscheinlich ist, dass er von den Templern Hinweise erhielt, wo er genau zu suchen hatte. Und dass die Kristallschädel Daten enthalten, wissen wir ja bereits. Die Wahrscheinlichkeit, dass die Templer von dem versunkenen Atlantis wussten, ist sehr groß. Auf ihren Zeitreisen hatten sie ja alle erdenklichen Informationen gesammelt, die sie später für ihren eigenen Vorteil nutzen konnten. Hatten sie auch Hinweise auf eine mögliche außerirdische Kultur gefunden? Hatte F. A. Mitchell-Hedges auch dafür Beweise entdeckt?

Der mysteriöse Fund im Urwald

Eines der mysteriösesten Fundstücke von F. A. Mitchell-Hedges ist ein Objekt, welches er von einem Indianerstamm in Zentralamerika mitgebracht hatte, der Chucunaque heißt und in Panama lebt. Der sehr menschenfeindliche Stamm siedelt im Dschungel. F. A. Mitchell-Hedges besuchte ihn auf einer Expedition um 1915, die von Lady Richmond Brown finanziert wurde. Normalerweise brachte der zurückgezogen lebende Stamm jeden weißen Eindringling sofort um. Mitchell-Hedges aber verschaffte sich bei den Indianern Respekt, weil er Medikamente mitbrachte, mit denen er einige von ihnen heilte. Daraufhin verehrten sie ihn wie einen Gott. Aus Dankbarkeit vermachten sie ihm einen Fetisch, der dem Stamm besonders heilig war. Es handelte sich dabei um einen männlichen Embryo. Männliche Embryos wurden für Heilungen von Männern auf dem Totenbett verwendet. Das geschah in einem sehr speziellen Ritual und weil es funktionierte, wurde es als Wunder bezeichnet. Den Angaben von F. A. Mitchell-Hedges zufolge wurde der männliche Fötus einer schwangeren Frau aus dem Unterleib entnommen und auf eine unbekannte Art und Weise konserviert. Auf unerklärliche Weise wurde er so gut konserviert, dass es scheint, als sei er gerade erst entnommen. Der berühmte Anthropologe Arthur Keith untersuchte in späteren Jahren den sogenannten Chief-Fetisch und stellte fest, dass der Fötus eine ungewöhnliche Kopfform hatte. Dies lässt sich unschwer schon mit dem ungeübten Auge erkennen. Der Anthropologe kam aufgrund der Form der Schädelknochen zu dem Schluss, dass dieser Fund völlig einzigartig sei, und dass es sich um einen nicht humanoiden Fötus handele. Das Exemplar mit der mysteriösen Kopfform gelangte anschließend in die Sammlung des Britischen Museums.

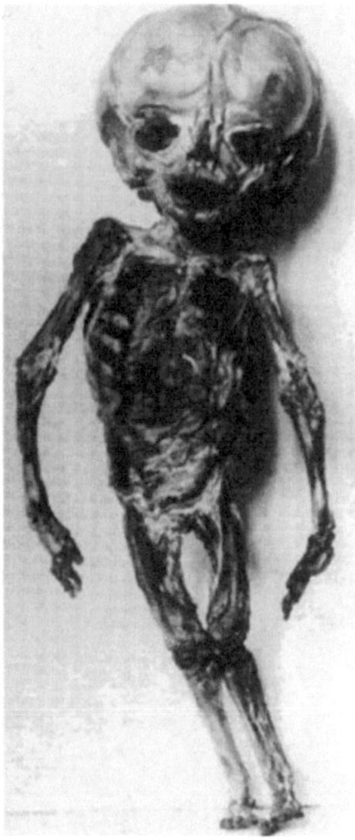

Abb. 33: Der Chief-Fetisch

Weitergehenden Untersuchungen wurde dieser Fötus allerdings nicht mehr unterzogen. Nach Erzählungen von Bill Homann hatte man probiert, das Exemplar für weitere Untersuchungen zurückzubekommen. Das Fundstück konnte aber nicht aufgefunden werden. Erst nach vielen Jahren fand man es in der originalen Zigarrenkiste, in der F. A. Mitchell-Hegdes den Fötus dem Museum übergeben hatte. – Somit wurde das Fundstück katalogisiert und verschwand in der Sammlung. Etwas Neues?

Ich bin der Ansicht, dass es sich hier um den Fötus einer Mischrasse handelt, die durchaus extraterrestrischer Herkunft sein könnte. Die Kopfform sowie die damit verbundenen Heilungsrituale sprechen dafür, dass die dahingehende Indianerprophezeiung tatsächlich richtig sein kann, und dass es wirklich Besucher aus anderen Welten auf unserem Planeten gegeben haben kann. Schauen Sie sich das Bild selbst an. In Bezug auf die Kristallschädel bedeutet das, dass durchaus auch die Kristallschädellegende der Maya-Stämme korrekt sein kann, die besagt, dass es Götter von anderen Sternen gab, welche die Kristallschädel auf die Erde gebracht hatten.

Der Kristallschädel Corazon de Luz und der geheime Bildercode

Die Versuchsreihen mit Kristallschädel Corazon de Luz fanden einen sensationellen Höhepunkt in der Kontaktaufnahme mit dem berühmten Medium Carole Davis Wilson. Das Medium lebt in Kanada und ist durch das Buch *The skull speaks* berühmt geworden. Es hatte von Anna Mitchell-Hedges die Erlaubnis, den Kristallschädel in medialen Sitzungen zu befragen. Alle gechannelten Aussagen wurden in dem oben genannten Buch zusammengefasst. Carole hatte viel Erfahrung auf dem Gebiet der medialen Arbeit, sie hatte in früheren Jahren sogar der Polizei bei der Suche nach vermissten Personen oder gar Mördern geholfen. Carole und Anna verband eine Freundschaft, die es ermöglichte, wertvolle Informationen aus dem Kristallschädel abzufragen. Nach vielen Jahren ist das Buch mittlerweile vergriffen und es werden hohe Preise für die letzten auffindbaren Exemplare gezahlt. Als ich Kontakt mit Carole Wilson aufnahm, sendete ich ihr ein paar Fotos von Corazon de Luz, die David Dennery vom *Nexus*-Magazin Frankreich bei einem Besuch aufgenommen hatte. Ich bat sie um Mithilfe, da ich glaubte, dass der Kristallschädel nicht nur Energiefelder verändern, sondern auch Bilder, Daten und Informationen enthalten kann. Ich brauchte objektive Hilfe von einem Medium, das es verstand herauszufinden, ob Corazon de Luz tatsächlich Daten gespeichert hat. Meine Erwartungen wurden um ein Vielfaches übertroffen, als ich die erste Nachricht von ihr erhielt. Sie konnte tatsächlich Bilder im Kristallschädel erkennen. Es schien, als ob der Kristallschädel förmlich darauf warten würde, dass die Daten, Bilder und Informationen, vergleichbar einem Computer, von ihm »heruntergeladen« würden. Bevor ich Carole das erste Mal traf, sendete ich ihr Bilder des Kristallschädels Corazon de Luz und bat sie, ihn sich anzusehen. Ich wollte mehr über den wunderschönen Kristallschädel erfahren und suchte nach Beweisen dafür, dass die von mir mit der Photonenkamera gefilmten elektromagnetischen Wellen auch Daten enthielten. Die Prophezeiung der Mayas hatte ja besagt, dass auf allen 13 Kristallschädeln Daten gespeichert seien. Ich hoffte, auf diese Weise etwas über diese Daten herauszufinden.

Der erste Kontakt mit Carole erwies sich als eine Sensation. Sie ließ mich wissen, dass sie Bilder vom Kristallschädel Corazon de Luz empfangen könne, und dass diese Bilder eine Art verschlüsselte Botschaft sein könnten. Sie fragte den Kristallschädel sozusagen über die Schwingung des Bildes ab, denn sie hatte die Fähigkeit, über das Foto mit ihm Kontakt aufzunehmen. Mittels dieses Verfahrens suchte sie ja früher auch nach den Opfern von Verbrechen. Anhand der Fotos schwang sie sich auf das Opfer ein und konnte es so lokalisieren. Oder sie empfing Bilder, die zum Beispiel das Opfer eines Verbrechens über die Carole vorliegende Aufnahme sandte.

Zu Beginn verblüffte Carole Wilson mich damit, dass sie ein paar Tage im Voraus ein Schiffsunglück vorhersah. Ich war ziemlich beeindruckt, weil ich nicht erwartet hatte, dass der Kristallschädel so etwas zeigen konnte. Es war wohl laut Carole eine Art Warnung. Dann sah sie Bilder, die sie als »Downloads« bezeichnete. Der Kristallschädel zeigte einen Herrscher von prachtvoller Gestalt. Carole erklärte mir, dass man die Bilder in den einzelnen Sequenzen sehen müsse. Der Kristallschädel versuche seine Botschaft in Bildern zu verschlüsseln. Finde man die Bedeutung des Bildes, dann wechsele das Bild und es erscheine etwas Neues. Ich dachte sofort an den letzten Inkakönig Atahualpa, als Carole den Herrscher beschrieb, den sie im Kristallschädel sah. Unmittelbar darauf bestätigte Carole meine Vermutung, denn der Kristallschädel hatte sein Bild geändert. Carole glaubt, dass im Kristallschädel eine Karte gespeichert ist, auf der die Lage aller anderen Kristallschädel verzeichnet ist. So empfing sie auch die Botschaft, dass das Wissen von mehreren Kristallschädeln auf dem Kristallschädel Corazon de Luz niedergelegt ist, und dass auch der Mitchell-Hedges-Kristallschädel beim zweiwöchigen Zusammentreffen mit Corazon de Luz Informationen in ihm abgespeichert habe. Carole konnte auch Bilder eines Piraten empfangen, den sie genau beschreiben konnte. Sie charakterisierte ihn als einen Mann mit großer Nase, einem runden Bauch und einer Mütze mit drei Punkten. Er sei so etwas wie Kapitän Cook. Nun ist es natürlich sehr schwer, heute einen Piraten ausfindig zu machen, der so aussah oder aussieht. Bis heute ist es uns noch nicht gelungen. Als ich aber den Namen Coconut Island erwähnte, wechselte das Bild. Ich fand das unglaublich spannend. Auch wenn wir noch keine fertigen Aussagen haben, so ist es doch möglich, mit dem Kristallschädel zu kommunizieren. Viele solcher Bilder hat Carole Wilson schon empfangen, und ich bin ihr unendlich dankbar, dass sie ihre Fähigkeiten für dieses Projekt zur Verfügung stellt. Wir werden auf jeden Fall auch noch mit anderen Medien daran arbeiten. Es gilt, so viele Hinweise sammeln, wie möglich, und das Puzzle akribisch genau zusammenzusetzen. Das gibt uns die Möglichkeit, wie F. A. Mitchell-Hedges es vielleicht getan hat, auf unserer Suche nach dem Geheimnis der Kristallschädel weiterzukommen.

Man kann es sich kaum vorstellen, welche Informationen möglich wären, wenn alle Kristallschädel zusammenkommen würden. In diesem Zusammenhang wird schon begreiflich, dass die Maya-Prophezeiung durchaus realistisch ist, wenn sie behauptet, dass auf den Kristallschädeln die gesamte Information der Entstehung des Universums gespeichert sein soll. Auch finde ich es wichtig, dass dieses Wissen uns allen gehört. Ich finde es ungerecht, dass die Wahrheit nur einem elitären Kreis sehr reicher oder machtvoller Menschen zugänglich sein soll. Ich glaube, es ist das Recht aller Menschen, die Wahrheit über unseren Ursprung zu kennen und mit diesem Wissen zu wachsen. Egal, wie diese Wahrheit auch aussehen mag. Deshalb werde ich unermüdlich weiterforschen. Denn dass in den Kristallschädeln ein Code verborgen ist, haben wir ja schon eindeutig beweisen können. Nun gilt es, ihn zu entschlüsseln und das Geheimnis zu ergründen. Mag jeder Mensch für sich selbst entscheiden, ob er diese Wahrheit annehmen möchte oder nicht. Doch die Fakten dieses Buches müssten eigentlich jeden Menschen neugierig auf die Wahrheit gemacht haben – die Wahrheit über uns selbst und über die Verschleierungstaktiken der Weltherrscher und der sogenannten Wissenschaftler. Es scheint doch wirklich eindeutig zu sein, dass hier die Wahrheit bewusst verschleiert wird. Alles, was der Wahrheitsfindung dient, wird von den Wissenschaftlern zerredet, als Fälschung verurteilt oder verschwindet spurlos. Ich rufe alle Menschen dazu auf, selbst die Wahrheit zu ergründen, denn was in den Medien an Informationen geliefert wird, ist nicht objektiv. Das durfte ich am eigenen Leib schmerzhaft erfahren. Selbst wenn man versucht, die Wahrheit darzustellen – sie wird beschnitten und wegretuschiert, bis nichts mehr glaubwürdig erscheint. Die Kristallschädel sind der Heilige Gral der Erkenntnis. Sie sind keine wertlosen Fälschungen. Sie sind das Hilfsmittel, um unser Bewusstsein auf eine höhere Ebene zu transformieren. Allein nur die Möglichkeit einer solchen Wahrheit ist etwas, dem man nachgehen sollte. Man sollte es versuchen. Die Prophezeiung besagt, dass die Schädel zusammengebracht werden müssen. Zum Wohle und zur Erkenntnis aller Menschen.

Mit dem nachfolgendem Brief will ich einen Versuch starten, die Vereinigung der Kristallschädel zu bewirken. Jeder, der einen Beitrag zur Verbreitung des Briefes leistet, trägt dazu bei, dieses Projekt voranzutreiben. Ich habe die Hoffnung, dass es erfolgreich sein kann. Ich habe den Brief aus dem Kristallschädel Corazon de Luz bei meiner schamanischen Arbeit in Halbtrance empfangen und ich hoffe, er wird so weit wie möglich unter den Menschen verbreitet. Möge dieser Brief wie ein Stein sein, der ins Wasser fällt, und mögen die Wellen sich über die ganze Erde ausbreiten!

Brief an die Völker der Erde

Völker der Erde, ich rufe Euch bei Euren Namen. Ich rufe Eure Seelen und Herzen und ich neige mich vor der Schönheit Eures Geistes. Völker der Erde, die ihr lebt auf dem Planeten Erde, ich rufe Eure Herzen an, mir zuzuhören und einen winzigen Moment Eures Daseins dem großen Sinn des Seins zu widmen. Stämme der Menschen, die ihr hervorgegangen seid aus dem Saatkorn der heiligen Mutter Erde und befruchtet wurdet mit dem Sternenlicht des heiligen Volkes des Friedens und der Weisheit, hört mich an. In dieser Eurer Erdenzeit ist die Krönung Eures Planeten nah. Eine Krönung, die durch die Sterne der Milchstraße den gesamten heiligen geweihten Platz Eures Daseins in eine neue Zeit erhebt. Euer Planet ist die vollkommene Schönheit. Er ist geschaffen als das Paradies, in dem ihr Menschenkinder Glückseligkeit im Leben finden dürft.

Ihr segelt auf dem Planeten Erde im Wind der Religionen, die die Namen vieler Götter tragen, die aber eigentlich nur ein und derselbe Gott sind. Ihr habt die Täuschung durch die Vernebelung der Macht der Materie in Eurem Herzen und die Krankheit des Vergessens ist wie eine täuschende Allmacht über Euch hereingebrochen. Ihr habt die Reinheit Eures Wesens mit dem Gift der Lieblosigkeit betäubt und seid in diesen Tagen die gefangenen Eures eigenen Handelns geworden. Niemandes Feind seid ihr mehr als dem allmächtigen Krieger, der Ihr selbst seid und mit dem Ihr Euch selbst vernichtet in der Lieblosigkeit Eurer vergessenen Herzen. Doch Licht und Hoffnung naht Euch zu erretten in dieser für Euch trostlosen Zeit. Kein Gott kann heiliger sein als Euer Schöpfungsgott, der in Euch selbst weilt und wandelt bis in die ewigen Zeiten der Lichtwelt, die in Euch unendlich verbunden ist. Nichts kann Euch mehr befruchten als Euer eigener Ursprung im lichten und strahlenden Vermächtnis Eures eigenen Thrones, der neben den Göttern der Erschaffung der Universen seinen Platz hat. Ihr seid das geborene Licht, das Euch ewig inne ist, aus dem strahlenden Stern des zentralen Universums geboren. In Euch lebt das Licht des heiligen Sterns Eurer Herkunft, das nur in eine fleischliche Hülle aus irdischem Material gebettet ist. Kein Licht kann schöner und großartiger sein, denn in Euch hat das göttliche Allwesen seinen lebendigen Kristall der Wahrheit gepflanzt, der das Wissen um alle Dinge, die göttlich sind, beinhaltet. Euer Leben auf diesem Planeten sollte mit diesem Licht auch auf der materiellen Ebene in Freude und göttlicher Glückseligkeit verbunden sein. Die engelhafte Kreatur, die gottgleich das lebendige Licht Gottes ausstrahlt, ist im materiellen Sein auf dieser Erde in Euren Seelen immer noch lebendig, denn sie ist unsterblich. Nicht die Fürsten der Finsternis haben Euch in das Vergessen geleitet, denn in der von Gott geschaffenen Wesenheit des Lichtes gibt es keine Dunkelheit. Ihr seid es selbst gewesen, die Ihr Euch unbeabsichtigt vom zeitlosen Glück der Wahrheit und immerwährenden Liebe Gottes getrennt habt. Den Zustand, den Ihr erlebt, kann man als eine Art bewegungslosen Schlaf bezeichnen, in dem Ihr einen Traum nach dem anderen durchlebt in einer nicht realen undurchschaubaren, verworrenen Wirklichkeit, die eine Täuschung ist. Den Zustand des Träumens und des imaginären Getrenntseins von Gott kann man als vorübergehende Verdunklung des Geistes bezeichnen, die Ihr Euch selbst auferlegt habt mit Eurem eigenen Willen. Doch genau jener Wille ist es, mit dem Ihr Euch selbst aus dem Vergessen erheben könnt. Gleich so, als würdet Ihr im Schlafe den Traum und seinen Ausgang selbst bestimmen. Ihr habt die Schlüssel zur Wahrheit im Willen Eurer Handlung verborgen. Wir, die Schädelsteine, sind nur die kristallinen Wesen, die Euch die Kraft der Erinnerung verleihen. In einer Vorzeit dieses Erdentraumes sind wir die Wesen, die ihr selbst geschaffen habt. Ihr habt uns mit dem Wissen der Wahrheit über Euch selbst erschaffen, auf dass Ihr Euch an Euer eigenes kristallines Wesens der Lichtwerdung selbst erinnern könnt. Jetzt, da Ihr uns seht, könnt Ihr uns nicht erkennen, da Ihr im Traum des Nebels des Vergessens unsere lichte Gestalt nicht erblicken könnt. Ihr fürchtet Euch, weil Ihr glaubt, Ihr seht Eure eigene Endlichkeit in uns. Doch wir sind nur die Spiegel Eurer lichten Seele und Eures Herzens, worin Ihr die Liebe als das Einzige sehen könnt, was Euch mit dem Glück Gottes verbindet. Ihr fürchtet Euch so sehr vor dem Erwachen aus dem Traum, der Euch mehr an Freudlosigkeit bindet, als an das bewusste Schauen des Glücks im Leben auf der Erde. Gott, der lichtvolle Geist, der in allen Dingen ist, fühlt die Traurigkeit in Euren Herzen und wird Euch diese Trauer nehmen. Mit der Krönung der Erde wird Gott sein Auge auf die Erde blicken lassen und all jenen, die dafür bereit sind, die Vollkommenheit zurückgeben, die Ihr immer in Euch hattet, vor den Tagen des Vergessens. Hierfür müsst Ihr Euch erinnern.

Ihr habt uns Schädelsteine geschaffen, damit Ihr Euch erinnern werdet nach den Tausenden von Jahren des Schlafes, der Euch trunken gemacht hat nach Gold, Geld und Macht. Ihr gabt uns das Antlitz eines Schädels Eurer menschlichen Rasse, weil ihr glaubtet, Euch so besser an die Aufgabe, die in den Schädelsteinen liegt, zu erinnern. Niemals hättet Ihr geglaubt, dass Ihr Euch vor dem Anblick Eures eigenen Schädels fürchten würdet, den Ihr aus dem Blickwinkel des ewigen Lebens geschaffen habt, und den Ihr nicht als Tod oder Endlichkeit Eures Seins verstanden hättet.

Nun, da Ihr erkennt, dass das Leben des Geistes nicht an die Hülle Eures Körpers gebunden ist, dass das Licht des Geistes aller Völker dasselbe ist, seid Ihr bereit, aufzuwachen aus dem täuschenden Traum des vermeintlich endlichen, sterblichen Lebens. Um dies zu vollbringen, rufen wir Euch auf, Euch zu versammeln. Denn nur gemeinsam werdet Ihr die Kraft der Erinnerung haben. Wir rufen die Völker der Erde auf, sich zu versammeln, bevor der Planet Erde seine Krone trägt. Sammelt Euch, wenn die Sonne am höchsten Punkte in ihrem Laufe steht, in dem Jahr, da die Milchstraße die Krone der Erde sein wird. Sammelt Euch an sieben Punkten der Erde und rufet an die Macht der Liebe Gottes mit den heiligen Namen des Schöpfers, der in Euch lebendiges Licht ist. Rufet aus den Namen des ICH BIN und setzt die Saat des Himmelserwachens in den Herzen der Menschen. Vereinigt alle Religionen unter einem Schild der Liebe und entzündet die Flamme des Erwachens in Euren Herzen gemeinsam. So kommt großes Heil über die Erde und die Wesen, die auf ihr leben. Vereinigt alle Kristalle

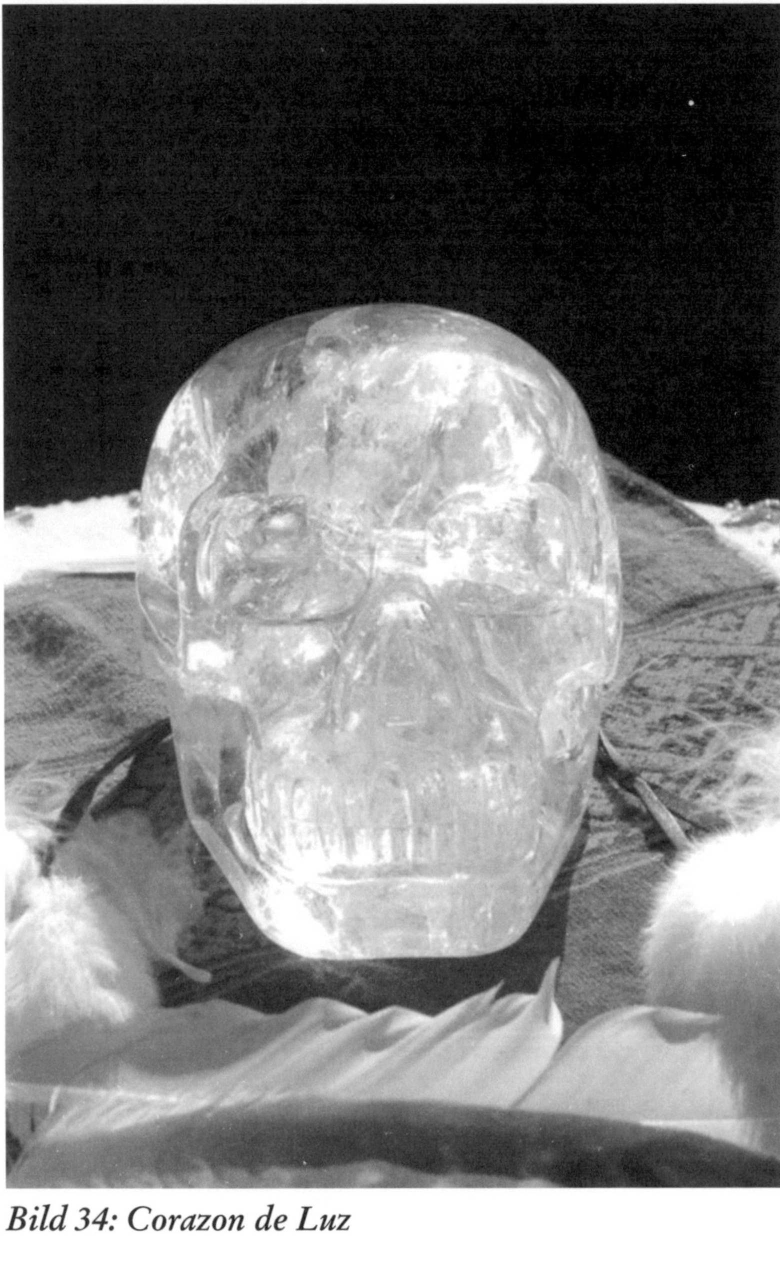

Bild 34: Corazon de Luz

der Erde an diesem Tag und rufet alle Schädelsteine an einen Ort. Wir werden Euch für diesen Tag führen, damit Ihr Euch selbst erkennt. Dann werden wir Euch folgen, denn wir dienen nur dem göttlichen Geist, der in Euch in Liebe neu erweckt sein wird. Die sieben Punkte der Erde werden wir Euch noch benennen, wenn die Zeit gekommen ist. Und wir wollen Euch bis dahin Botschaft schenken, die Euch Mut und Hoffnung macht. Denn dies ist die Zeit des Glückes und des Erwachens. Wie die Schwangerschaft vor der Geburt. Ich, Schädelstein des Friedens, der ich »Herz des Lichtes« heiße, rufe Euch an und verneige mich vor der göttlichen Seele, die in Euch allen in gleichen Anteilen lebendig ist. Lasset uns beginnen!

Corazon de Luz
Schädelstein »Herz des Lichtes«

Die Prophezeiung des Kristallschädels Corazon de Luz

Menschenkinder dieser Tage, wir grüßen Eure Heiligkeit!

Als Träger des Wissens und Hüter dieser Erde sind wir, die Bilder Eurer Zukunft, in Stein gebrannt. Das Wasser des Lebens ward gefroren und das göttliche, kristallene Eis ward zum Speicher der göttlichen Wahrheit.

In diesen Tagen geht der Wandel durch Eure Zeit und es mag der Wissende die Allmacht sehen, die damit verbunden ist. In diesen Tagen sucht Ihr nach Erbauung und Mut für die Zeit, die vor Euch liegt. Diese wollen wir Euch geben und die Worte der Zukunft für Euch niederlegen. Mag der Wissende die Zeichen deuten, die nur für die bestimmt sind, die sie zum Frieden verwenden.

Die Schädelsteine sind erwacht. Vom Großen sehe ich Veränderung nahen, von dem, der in der Erde weilt. Es scheint, dass sein Auge sich mit Feuer füllt, um den Keim des Bösen zu verbrennen.

Den Zweiten schaut Ihr in blauem Licht dicht bei den Pyramiden strahlen. Wenn es Nacht ist, dann sehet Ihr seinen Turm emporsteigen.

Den Dritten findet Ihr in der Mitte der Könige, hinter den Bergen, in einem tiefen Gang. Er ist bedeckt mit Steinen aus Silber und goldfarben ist seine Krone.

Einer ist in weißer Farbe und trägt die Form ganz anders als die anderen. Er ist der Gegenspieler des Schwarzen, der in grünen Nebeln ruht unter einer Wiese. Gefunden kann er nur werden von dem, der den grünen Nebel mit der Maske durchschreitet, die den Wind beschreibt.

Vier andere sind schon in den Händen der Menschen, wo sie sich versteckt haben unter den Farben der Unscheinbarkeit.

Zwei liegen auf dem Grund des Meeres und Ihr werdet sie finden, wenn Ihr sie nicht sucht. Sie werden mit dem Licht der Wandlung von selbst ans Tageslicht gehoben.

Den letzten findet Ihr, violett ist seine Farbe, wenn Ihr den Spuren folgt, die sich in die Zeit gebrannt haben.

Mit ihm sollt Ihr beginnen, denn er ist der Stein, der die anderen magnetisch anzieht.

Dies sind die ersten Bausteine, die wir Euch geben zu finden, was die Welt zusammenhält. Eine Göttin aus den alten Tagen wird Euch bei der Suche helfen, die unabdingbare Notwendigkeit ist. Mit Gebet und Gesang sollt Ihr die weisen Alten ehren, dann wird Euch die Kraft geschenkt, hinter der Täuschung Euer eigen Werk zu tun, so dass jene es nicht bemerken, die Euch im Wege stehen.

So gleitet der Vogel durch die Nacht, von Kontinent zu Kontinent. Der Adler fliegt mit den Schwingen des Kondors, wenn das Sternenbild die Weihe vollendet.

So beschaut Euch selbst mit frohem Mut, denn fürwahr Ihr habt die Macht in Euren Händen. Kein irdisch Geld wird Wert behalten, wenn Pech der Wandlung die Seinen in den Abgrund stürzt.

Dann werden die Kinder lachen, da sie spielerisch die neue Zeit genießen. Dann wird das Leben sie zurückbringen in die heilen Wälder der Schule der Erneuerung. Und sie werden lachen und tanzen, wenn ihre Eltern sich wieder ihrer erinnern.

Worte fallen wie nasser Staub zu Boden und die Mächtigen sprechen mit Feuerzungen. Doch niemand will sich einmischen in den Plan, der keiner ist.

Wenn sie dann vorübergezogen sind, dann leuchten die Sterne erneut am Himmel mit Wonne, und die Schädelsteine werden sich zu erkennen geben. Dies wird bald erfüllt sein, denn der Weg der vereinigten Völker muss gegangen werden – zu Euer aller Wohl.

Doch alle werden Euch begleiten und das Bündnis

soll erneuert werden – zwischen der Hier- und Drübenwelt. Mit Liebe werdet Ihr sie begrüßen – denn sie sind Euch wohl gesonnen.

Keine Feinde, die im Sternenlicht sind. Sie sind die Wächter der Tore, die jetzt geöffnet werden. Und Friede soll sein mit tausend Jahresaugenblicken.

So nehmet dieses Wissen und wandelt Euch für den Frieden!

Corazon de Luz
Schädelstein »Herz des Lichtes«

Nach allem, was wir nun zusammengetragen haben, ergibt das Puzzle einen Sinn. Alles passt Stück für Stück zusammen und kann vom Wissenden verstanden werden. Dieses Buch gibt genug Aufschluss darüber, dass Kristallschädel wirklich etwas Besonderes sind, und jeder Mensch muss selbst entscheiden, ob er das nachfühlen kann. Die Kristallschädel lassen den Menschen frei in ihrem Glauben. Sie bekehren nicht. In der ganzen Zeit, seit ich Corazon de Luz behüten darf, habe ich so viele Wunder gesehen. Ich habe gesehen, wie die Menschen zu Tränen berührt sind, wenn sie dem Kristallwesen im Ritual begegnen. Ich habe die Wunder gesehen, die er den Menschen geschenkt hat. Ich erhalte täglich Briefe von Menschen, die sich dafür bedanken, dass sie dem Kristallschädel begegnen konnten. Sie haben seine Kraft und Liebe gefühlt. Kein Buch der Welt kann das beschreiben. Das Gefühl der kosmischen Einheit, das die Menschen mit Glück erfüllt, ist unbeschreiblich. Ich durfte durch meine Arbeit daran teilhaben. Dafür bin ich unendlich dankbar. So lange ich der Hüter dieses Schädelsteines bin, werde ich den Menschen diesen Kontakt ermöglichen, so gut ich kann. Ich werde alles Erdenkliche tun, um die anderen Kristallschädel zu finden. Für meine Kinder und die Kinder der Erde. Ich bin davon überzeugt, dass die Kristallschädel eine echte Hilfe auf allen Gebieten sind. Dies haben wir schon durch die Photonenaufnahmen beweisen können und jetzt auch auf dem Streifzug durch die Geschichte. Ich wünsche mir, dass wir genug Helfer finden, die mich dabei unterstützen. Denn alleine kann ich es nicht schaffen. Es kann der Mensch nur gemeinsam finden – das Glück, mit den helfenden Schädelsteinen den Planeten neu zu gestalten. Das ist der Gral der Erkenntnis und des ewigen Lebens. Das ist die Lade des Bundes aller Völker. Das ist der Stein der Weisen, der den Menschen Freiheit und Wissen übereignet. Das ist das Lebenselixier, nach dem der Mensch so lange schon sucht.

Mögen es so viele Menschen wie möglich erkennen. Ich hoffe, dass dieses Buch einen Beitrag dazu leistet.

Dank

Ich danke den Wesen des Lichtes, die mich täglich mit ihrer göttlichen Liebe erfüllen. Ich spüre ihre Gegenwart in allen Menschen und Möglichkeiten, die mir bei meiner Suche nach der Wahrheit begegnen.

Ich danke dem Lichtwesen des Kristallschädels Corazon de Luz für die Führung und die Hinweise auf dem Weg der Suche.

Ich danke Mutter Erde und dem Heiligen Vater, den heiligen Elementen Feuer, Erde, Wasser und Luft für ihre Hilfe bei der Verwirklichung meiner Projekte. Ich danke den vier Winden, die meine Bücher in alle Himmelsrichtungen verbreiten, und danke dafür, dass sie zur Botschaft des Friedens werden.

Ich danke allen Menschen, die mir geholfen haben, dieses Projekt zu verwirklichen. Ihr habt meinen Dank und meine ganze Liebe.

Ich danke besonders meiner Tochter Linda, die mich jeden Tag mit dem strahlenden Glück der bedingungslosen Liebe anlächelt. Sie ist der Stern meines Lebens und gibt mir Kraft und Hoffnung.

Ich danke meinem Sohn Merlin, der mit seiner Klugheit und seinem Charme mein mütterliches Herz bezaubert. Er ist ein Fels, an den ich mich anlehnen kann. Sein liebendes Herz weiß nur ich zu erkennen.

Ich danke all meinen Freunden, die immer zu mir stehen, egal wie der Sturm uns peitscht. Ich danke für Euer Vertrauen und den Glauben an unsere Ziele. Ihr seid meine Familie, die ich mir immer gewünscht habe.

Ich danke Bill Homann für die Bilder, die ich hier veröffentlichen durfte.

Im Besonderen danke ich Christa, Isabell, Charis, Jutta, Tobias, Gabi und Jasemin für jegliche Unterstützung.

Oliver Gerschitz danke ich, dass er mir während der Anfangszeit geholfen hat, unter den Haien Land zu finden. Ohne seine Empfehlung gäbe es dieses Buch nicht.

Ich danke meinem Verleger Jochen Kopp für das Vertrauen, das Manuskript blind genommen und ungekürzt veröffentlicht zu haben!

Ich danke allen Lesern für ihre Bereitschaft, die Umsetzung unseres Projektes durch den Kauf dieses Buches zu unterstützen.

Quellennachweis nach Themen

Aristoteles

Das Steinbuch des Aristoteles, herausgegeben und übersetzt von Dr. Julius Ruska (S. 3 f., 7 f., 21, 68, 167 f.).

Der babylonische Talmud. Nach der ersten zensurfreien Ausgabe unter Berücksichtigung neuerer Ausgaben und handschriftlichen Materials neu übertragen durch Lazarus Goldschmidt. 2. Auflage, Band 12, Berlin 1967, S. 291–315 (*Der Traktat Tamid*).

»Iter Alexandri Magni ad Paradisum«. In: Friedrich Pfister: *Kleine Schriften zum Alexanderroman*. Meisenheim a. Gl. 1976 (= Beiträge zur klassischen Philologie, H. 61), S. 359–365.

Pseudo-Methodios: »Alexander und die unreinen Völker«. [gr./dt.] In: *Leben und Taten Alexanders von Makedonien. Der griechische Alexanderroman nach der Handschrift L. Hrsg. und übersetzt von Hellmuth Van Thiel*. Darmstadt 1983 (= Texte zur Forschung, Band 13), S. 248–252.

Friedrich Pfister: *Der Alexanderroman. Mit einer Auswahl aus den verwandten Texten*. Meisenheim a. Gl. 1978 (= Beiträge zur klassischen Philologie, H. 92) [Redaktion á, nach der Pariser Hs. A; dt. Übers.].

Iulius Valerius: *Res gestae Alexandri Macedonis*. Ed. Bernhard Kuebler. Leipzig 1888.

Iulius Valerius: *Res gestae Alexandri Macedonis translatae ex Aesopo Graeco*. Ed. Michaela Rossellini. Stuttgart/ Leipzig 1993.

Iulii Valerii Epitome. Ed. Julius Zacher. Halle 1867.

Der Alexanderroman des Archipresbyters Leo. Untersucht und hrsg. von Friedrich Pfister. Heidelberg 1913 (= Sammlung mittellateinischer Texte, Band 6).

Die Historia de Preliis Alexandri Magni. Synoptische Edition der Rezensionen des Leo Archipresbyter und der interpolierten Fassungen I^1, I^2 und I^3. Hrsg. von Hans-Josef Bergmeister. Meisenheim a. Gl. 1975 (= Beiträge zur klassischen Philologie, H. 65).

Historia de preliis Alexandri Magni. Rezension I^1. Hrsg. von Alfons Hilka und Karl Steffens. Meisenheim a. Gl. 1979 (= Beiträge zur klassischen Philologie, H. 107).

Historia Alexandri Magni (Historia de Preliis). Rezension I^2 (Orosius-Rezension). Hrsg. von Alfons HILKA. Teil 1. Zum Druck besorgt durch Hans-Josef Bergmeister. Meisenheim a. Gl. 1976 (= Beiträge zur klassischen Philologie, H. 79). – Teil 2. Zum Druck besorgt von Rüdiger Großmann. Meisenheim a. Gl. 1977 (= Beiträge zur klassischen Philologie, H. 89).

Die Historia de preliis Alexandri Magni. Rezension I^3. Hrsg. von Karl Steffens. Meisenheim a. Gl. 1975 (= Beiträge zur klassischen Philologie, H. 73).

Historie von Alexander dem Großen. Aus dem Mittellateinischen. Übersetzung, Nachwort und Anmerkungen von Wolfgang Kirsch. Leipzig 1975 (= RL, Bd. 625) [Leo, I^1, I^2, I^3].

Das Buch von Alexander, dem edlen und weisen König von Makedonien. Mit den Miniaturen der Leipziger Handschrift. Hrsg. von Wolfgang Kirsch. Frankfurt a. M./ Wien o. J. (1991) [I^2].

Abel Armand: *Le Roman d'Alexandre. Légendaire médiéval*. Brüssel 1955 (= Collection Lebègue & Nationale, Bd. 112).

George Cary: *The Medieval Alexander*. Ed. by David J. A. Ross. Cambridge 1956.

David J. A. Ross: *Alexander Historiatus. A Guide to Illustrated Medieval Alexander Literature*. London 1963; 2. Aufl. Frankfurt a. M. 1988 (= Athenäum-Monografien Altertumswissenschaft, Bd. 186).

Roger Bacon

Stanford Encyclopedia of Philosophy.

www.oppisworld.de/zeit/biograf/bacon_ro.html

www.wikipedia.de

www.jadu.de/mittelalter/magie/roger_bacon.html

www.textlog.de

www.magieausbildung.de/biographien/b/bacon_roger.htm

www.alchemywebside.com

Leonardo da Vinci

Leonardo da Vinci: *Jede Erkenntnis beginnt mit den Sinnen*, SchirmerGrav.

Filmdokumentation 3Sat: *Das Turiner Grabtuch.*

www.wikipedia.de

Thomas von Aquin

Stanford Encyclopedia of Philosophy.

www.wikipedia.de

www.kathpedia.de

www.evh.tu-cottbus.de

www.bautz.de/bblk

Albertus Magnus

De Mineralibus von Albertus Magnus – TGP2, Texte zur Geschichte der Präventivmedizin, Erwin Braun Gesellschaft für Präventivmedizin Basel (Vorwort S. 9 f.; 22).

Opera omnia (De natura loci. De causis proprietatum elementorum. De generatione et corruptione) von Albertus Magnus, Aschendorff.

Biedermann, S. 80.

www.albertusmagnus.de/kipatron.htm

www.seilnacht.com/chemiker/chemaq.html

www.domenikaner-koeln.de/albertus_magnus/albertus-fenster.php/3

www.takimo.de

www.stefan-discher.de/orden/tempelritter/templer_baphomet.htm

www.wikipedia.de

www.heiligenlexikon.de/biographiena/albertus_magnus.htm

http://de.encarta.msn.com

www.bautz.de/bblk

www.geisterarchiv.de

www.vfkk.de/beilage2307.html

Das Voynich-Manuskript

www.jonathan-dilas.de/texte/voynich.html

www.wikipedia.de

www.beinecke.library.yale.edu/al/crosscollex/setssearchexecxc.asp?srchtype=item

John Dee

www.wikipedia.de

www.elizabethan-era.org.uk/john-dee.htm

www.magieausbildung.de/biographien/d/dee.htm

John Dees Rituale

Das Buch der Engel – Das Henoch'sche System, Giovanni Grippo (S. 153, 155 f., 159 ff., 164, 166 ff., 176, 179 f., 183, 190).

www.britishmuseum.org

www.hexen2039.net

Baphomet, Templer

Der Heilige Gral und seine Erben von Lincoln, Baigent, Leigh (S. 61 f., 418).

www.stefan-discher.de/orden/tempelritter/templer_baphomet.htm

www.verschwoerungen.info

www.rafa.at/11_bapho.htm

www.sungaya.de/schwarz/christen/templer/baphomet.htm

www.shop.schleierwelten.de

http://ssl.skyforcesystems.de

http://haendewegvondiesemblog.de/?tag=templer

Abdul al Hazred

Die magischen Geheimnisse aus dem Necronomicon von Archenthechta – Giovanni Grippo (S. 46, 60, 70, 73, 75, 85, 87, 89).

www.verschwoerungen.info/wiki/abdul_alhazred

www.wikipedia.de

Mitchell-Hedges

www.mitchell-hedges.com

http://prophecy2012prediction.blogspot.com/2008/06mitchell-hedges-crystal-skull-and-2012.html

www.bc-alter.net/dfriesen/pirate2.htm

Weitere Kopf-Materialien:

Karin Tag: *Mysterium Kristallschädel*, Ansata Verlag.

Chris Morton und Ceri Luise Thomas: *Tränen der Götter – Die Prophezeiung der 13 Kristallschädel* (Bildtafel 14, Bildtafel 26).

George Frederick Kunz: *Gems & Precious Stones.*

Gisele Díaz und Alan Rodgers: *The Codex Borgia – A Full-Color Restoration of the Ancient Mexican Manuscripts.*

Norman Bancroft Hunt: *Götter und Mythen der Azteken* (S. 21, 29).

Unsolved Mysteries – Die Welt des Unerklärlichen.

Michael Gienger: *Die Steinheilkunde.*

British Museum of Mankind

Jane Walsh: »Legend of the Crystal Skulls«. In: *Archaeolology.*

www.stefan-discher.de

www.alchemywebside.com

www.gometacom.de/image_global/pdf/meerholz_kompl.pdf

www.mitchell-hedges.com

Reserach Hewlett Packard

Osiris, Isis, Yse, Thot

De Isede et Osiride von Plutarch

www.wikipedia.de

www.aegypten-online.de/tour/abydos.htm

www.aegyptologie.com/forum

www.sphinx-suche.de/magie/sabier.htm

www.laml.lu.vie/activitees/defi/02_03/martinee/gotter.html

Skull & Bones

Frankfurter Rundschau vom 21.08.2007, Artikel: »Jäger des gestohlenen Schatzes«.

www.nachrichten.at/politik vom 09.01.2008, Artikel: »Jerusalem macht für Bush das Licht aus«.

TAZ vom 10.01.2008, Artikel: »Keine Blumen für Bush«.

KURIER (Österreich) vom 10.01.2008, Artikel: »Jerusalem löscht für Bush das Licht«.

Berliner Zeitung vom 10.01.2008, Artikel: »Bush drängt auf Frieden in Nahost«.

www.spiegel.de

www.wikipedia.de

www.freenet.de/freenet/wissenschaft/paranormal/verschwoerungen/skull/index.html

Karte unbedeckte Antarktis

Die Welt des Unerklärlichen (Buch), Vienna Art Center Schottenstift, Wien.

Zeugnisse und Zertifikate

FORSCHUNGSINSTITUT SENCKENBERG

der Senckenbergischen Naturforschenden Gesellschaft in Frankfurt am Main

Forschungsinstitut Senckenberg, Senckenberganlage 25, 6000 Frankfurt 1

Frau
Karin Bierbrauer

Natur-Museum Senckenberg

Forschungsgebiete:
Paläoanthropologie
Zoologie
Geologie / Paläozoologie
Botanik / Paläobotanik
Meeresgeologie
Meeresbiologie

Frankfurt am Main
Telefon (069) 7542-1
Durchwahl 7542
Telex 413129

Bescheinigung

Frau Karin Bierbrauer, geb. am 17.2.1969, hat in der Zeit vom 30.4. bis zum 28.6 und vom 18.8. bis zum 31.8.1986, insgesamt 10 Wochen lang, an der Fossilien-Präparation des Forschungsinstituts Senckenberg, Sektion Messel, teilgenommen. Sie hat sich dabei gründlich mit Problemen und Methoden der dauernden Konservierung von Fossilien (Wirbeltiere und Insekten) aus stark wasserhaltigen bituminösen Schichten der eozänen Fossilfundstelle Messel bei Darmstadt vertraut gemacht. In dieser Zeit wurden Ihr Präparationsmethoden (Präparation mit Kunstharz (Transfer-Methode), Präparation von Insekten am Binokular, Präparation mit dem Sandstrahlgerät) näher gebracht.

Frankfurt am Main, den 10.11.1986

(Dr. Stephan Schaal, Leiter der Sektion
Messel am Forschungsinstitut Senckenberg)

Postscheck: Frankfurt/M. 7985-604, BLZ 50010060 Banken: BHF-BANK 5-00738-0, BLZ 50020200, Stadtsparkasse Frankfurt 760157, BLZ 5005010

FORSCHUNGSINSTITUT SENCKENBERG

der Senckenbergischen Naturforschenden Gesellschaft in Frankfurt am Main

Forschungsinstitut Senckenberg, Senckenberganlage 25, 6000 Frankfurt 1

Natur-Museum Senckenberg

Forschungsgebiete:
Paläoanthropologie
Zoologie
Geologie / Paläozoologie
Botanik / Paläobotanik
Meeresgeologie
Meeresbiologie

Frankfurt am Main
Telefon (069) 7542-1
Durchwahl 7542
Telex 413129

Frankfurt am M
den 3.II.1986

B E S C H E I N I G U N G

Frau Karin BIERBRAUER hat als Schülerin der Senckenberg-Schule im Verlauf ihrer Ausbildung vom 4.IX. - 2o.XII.1985 in meiner Sektion gearbeitet. Sie war neben der üblichen Literaturbeschaffung vor allem mit histologischen Arbeiten, dem Schneiden und Färben von Gewebspräparaten, beschäftigt. Die ihr aufgetragenen Arbeiten hat sie selbständig, mit Geschick und zur vollen Zufriedenheit ausgeführt und besonders das Färben der Präparate mit viel Fingerspitzengefühl bewerkstelligt.

Über die perfekte Ausführung der ihr aufgetragenen Arbeiten hinaus hat sie großes Interesse an den ihre Tätigkeit bestimmenden wissenschaftlichen Fragen gezeigt, wobei ihre besondere Liebe den Fossilien gilt. Es ist abzusehen, daß sie ihre Ausbildung erfolgreich abschließt.

Wolfgang F. Gutmann

(Prof. Dr. W. F. Gutmann)

FORSCHUNGSINSTITUT SENCKENBERG

der Senckenbergischen Naturforschenden Gesellschaft in Frankfurt am Main

Forschungsinstitut Senckenberg, Senckenberganlage 25, 6000 Frankfurt 1

Natur-Museum Senckenberg

Forschungsgebiete:

Paläoanthropologie
Zoologie
Geologie / Paläozoologie
Botanik / Paläobotanik
Meeresgeologie
Meeresbiologie

Frankfurt am Main
Telefon (069) 7542-1
Durchwahl 7542
Telex 413129

Bestätigung.

Im Rahmen ihrer praktischen TA-Ausbildung in der Sektion Säugetiere II hat Frl. Karin Bierbrauer von 1.-5.IX.1986 an Ausgrabungen jungtertiärer Wirbeltiere in Dorn-Dürkheim/ Rheinhessen teilgenommen.

Frankfurt, 7.11.1986

G. Storch

(Dr. G. Storch, Kustos)

Postscheck: Frankfurt/M. 7985-604, BLZ 500 100 60 Banken: BHF-BANK 5-00738-0, BLZ 500 202 00, Stadtsparkasse Frankfurt 760157, BLZ 500 501

JURA-MUSEUM (NATURMUSEUM)
NATURWISSENSCHAFTLICHE SAMMLUNGEN EICHSTÄTT

Verwaltet durch die Generaldirektion der Staatlichen
Naturwissenschaftlichen Sammlungen Bayerns

Jura-Museum, Willibaldsburg, 8078 Eichstätt, Federal Republic of Germany

Frau
Karin Bierbrauer
Friedrich-Ebert-Str. 31 a
8368 Bad Vilbel 1

Ihre Zeichen	Bitte bei Antwort angeben	☎ 08421/2956	Eichstätt, den
	II 2/602		22.08.1986

Bestätigung
===================

Frau Karin Bierbrauer hat vom 14.07. bis 22.08.1986 im Jura-Museum als Praktikantin gearbeitet.

Sie war während dieser Zeit mit paläontologischen Präparationsarbeiten, Betreuung des Schaumuseums, Betreuung der botanischen und entomologischen Sammlung sowie mit dem Umzug und der Neuaufstellung der Vogelsammlung beschäftigt.

i.A.

Günter Viohl

Dr. Günter Viohl
Oberkonservator

FORSCHUNGSINSTITUT SENCKENBERG

der Senckenbergischen Naturforschenden Gesellschaft in Frankfurt am Main

Forschungsinstitut Senckenberg, Senckenberganlage 25, 6000 Frankfurt 1

Frau
Karin Bierbrauer

Bad Vilbel

Natur-Museum
Senckenberg

Forschungsgebiete:

Paläoanthropologie
Zoologie
Geologie / Paläozoologie
Botanik / Paläobotanik
Meeresgeologie
Meeresbiologie

Frankfurt am Main
Telefon (069) 7542-1
Durchwahl 7542
Telex 413129

5.12.1986
Dr. S/Z

Bescheinigung.

Wir bestätigen hiermit, daß Frau Karin Bierbrauer, Bad Vilbel, im Januar 1985 in der Entomologischen Sektion unseres Hauses für zwei Wochen gearbeitet hat.

Frau Bierbrauer war überwiegend mit der Präparation von Insekten (Schmetterlingen) befaßt und konnte dabei ihre besondere Begabung und Fingerfertigkeit für diese Tätigkeit unter Beweis stellen.

Dr. Heinz Schröder
Sektionsleiter

FORSCHUNGSINSTITUT SENCKENBERG

Geol.-Paläont.Präparation, K. J. Walch

der Senckenbergischen
Naturforschenden
Gesellschaft in
Frankfurt am Main

Forschungsinstitut Senckenberg, Senckenberganlage 25, 6000 Frankfurt 1

Natur-Museum
Senckenberg

Forschungsgebiete:

Paläoanthropologie
Zoologie
Geologie / Paläozoologie
Botanik / Paläobotanik
Meeresgeologie
Meeresbiologie

Frankfurt am Main
Telefon (0611) 7542-1
Durchwahl 7542
Telex 413129

20. November 1986

Frau K. Bierbrauer absolvierte in der Zeit vom 8. Januar bis 25. April 1986 ein Praktikum in der Geologisch-Paläontologischen Präparation. In dieser Zeit erwarb sie Kenntnisse in der Herstellung ein- und mehrteiliger Siliconkautschukformen mit Gipsstützmantel von diversen Fossilien. Ebenso wurden Epoxidharz-Abgüsse gefertigt und retuschiert sowie teilweise Bemalung vorgenommen. Diese Arbeiten hat Frau Bierbrauer nach anfänglicher Anleitung dann auch sebsttätig und selbständig ausgeführt. Ebenso lernte sie Probleme der Schausammlungsarbeit, wie Instandhaltung und Montagen von Exponaten, praxisnah kennen.

K. J. Walch

K. J. Walch
(Präparationsleiter)

Postscheck: Frankfurt M 7985-604, BLZ 50010060 Banken: BHF-BANK 5-00738-0, BLZ 50020200, Stadtsparkasse Frankfurt 760157, BLZ 500501